本研究得到全国哲学社会科学规划基金项目"社会组织参与社区治理的路径差异及分类治理研究"(项目编号:16CSH061)的资助
本著作受上海工程技术大学学术著作出版专项资助

社会组织参与社区治理的路径差异及分类治理研究

孙莉莉　著

上海交通大学出版社
SHANGHAI JIAO TONG UNIVERSITY PRESS

内容提要

随着我国社会主要矛盾的变化,社区的"生活共同体"面向愈加凸显。不同类型的社会组织在社区治理中积极作为,形成了差异性的参与路径,给政策制定带来启示,也引起了学者对社会生长路径的思考。本书从基层社会组织的层面,分析了社会组织的复合型参与路径、嵌入型参与路径和交换型参与路径,探讨了高质量发展要求下社会组织面临的困境,提出了分类引导社会组织参与社区治理的政策思路。

本书可为研究社会治理、社会组织发展、公共服务等问题的学者和实务工作者提供借鉴参考。

图书在版编目(CIP)数据

社会组织参与社区治理的路径差异及分类治理研究 /
孙莉莉著. – 上海:上海交通大学出版社,2024.11
ISBN 978-7-313-31918-0

Ⅰ.D669.3

中国国家版本馆 CIP 数据核字第 2024E0L283 号

社会组织参与社区治理的路径差异及分类治理研究
SHEHUIZUZHI CANYU SHEQUZHILI DE LUJINGCHAYI JI FENLEIZHILI YANJIU

著 者:孙莉莉			
出版发行:上海交通大学出版社		地 址:上海市番禺路 951 号
邮政编码:200030		电 话:021 - 64071208
印 刷:苏州市古得堡数码印刷有限公司		经 销:全国新华书店
开 本:710mm×1000mm 1/16		印 张:11.5
字 数:161 千字			
版 次:2024 年 11 月第 1 版		印 次:2024 年 11 月第 1 次印刷
书 号:ISBN 978 - 7 - 313 - 31918 - 0			
定 价:69.00 元			

前　言

　　随着我国社会主要矛盾的变化,社区愈来愈成为一个"生活共同体",有序和有活力的社区治理格局越来越需要共建共治共享的制度建构,高质量的社会建设离不开多元主体的参与。我国社会组织经过比较好的发展机遇期和较长一段时间的积累,形成了一定的数量和规模并初现了组织生态。社会组织内部已经出现了形态多样的组织类型,这些不同类型的社会组织共同参与社区治理,受到整体的行动目标、行动方式和行动结果的形塑,尽管总体的参与模式相似,但由于组织认同和选择能力的不同,不同类型社会组织的参与路径表现出了比较明显的差异。

　　基层社会治理者已经感受到这种差异性对治理思路和治理方式提出的挑战,实践中,治理者已经开始思考如何引导不同类型的社会组织有序发展,使社会组织在社区治理中主动革新并各尽其能,实现社会组织整体的高质量发展,优化基层社会治理机制。本书探讨"社会组织参与路径"这一植根于实践且能管中窥豹的具体问题,将"社会治理"的空间聚焦于"社区治理"这一基本治理单元,分析社会组织参与社区治理路径在实践中可能呈现出的诸多特征,发现其中存在的路径差异。同时,从整体上呈现多种类别社会组织面临的共同困境,进而探讨现有参与路径的变革,提出分类引导社会组织参与社区治理的政策思路。本书的分析基于丰富的一手资料,也尝试提出一些有启发的观点,但在理论提炼上存在优化空间。

　　回顾本书的撰写,脑海里浮现的有凌晨三点书房中的专心致志,有酷暑调研时不期而遇的暴雨中的豪情,有与研究生同学的愉快讨论,有与社会组织行业朋友的倾心交流。感谢可贵的坚持! 感谢温暖的陪伴! 本书的出版得到上海工程技术大学学术著作出版专项资助,感谢学校的支持! 本书还存在一些需要细致探讨和深入分析的地方,我将在今后的研究中继续努力,请同行斧正!

目 录

第一章

导　论

第一节　研究背景和意义

一、研究背景

社会组织在社会治理和国家治理中的角色和功能得到了长期的关注。20世纪90年代以来,随着经济体制改革深入,原有的城市基层社会组织体系受到冲击并走向解体,市场化和城市化的快速发展,越来越多的人、社会事务和社会矛盾汇聚和下沉到社区,城市基层社会管理体制机制受到前所未有的冲击,亟须革新以适应新的社会情境和不断涌现的新需求。一些学者在总结反思我国传统社会治理做法,借鉴国际前沿理论和发达国家经验的基础上,立足我国社会现实,倡导发展社会组织,构建基层社会治理体系,同时,宏观政策也不断释放出鼓励社会组织参与基层社会治理的政策信号。在此背景下,理论界和实践部门都预期社会组织将在基层社会治理中发挥重要作用,并由此发展出新的基层社会治理体系,而长期存在的基层社会治理困局将迎刃而解。在这种理论预设和实践期待下,社会组织迎来了一次难得的发展机遇,各种资源类型的社会组织活跃在环境保护、扶贫助困等领域,在整体社会运行和基层社区建设中展现出了社会组织的功能。

实践很多时候比理论先行。加强和创新社会治理,既是国家治理能力提升的应有之义,也是基层治理水平明显提高的内在要求。治理者敏锐地看到,随着社会主要矛盾的变化,社区愈来愈成为一个"生活共同体",有序和有活力的社区治理格局越来越需要共建共治共享的制度建构,高质量的社会建设离不开多元主体的参与。社会组织经过比较好的发展机遇期和较长一段时间的积累，形成了一定的数量和规模并初显了组织生态。社会组织内部已经出现了形态多样的组织类型，有直接提供服务的服务型组织，有提供资源支持的支持型社会组织；有自下而上形成的草根社会组织，有自上而下形成的官方社会组织；有增进会员福利的互益型社会组织，有面向公众的公益型社会组织……这些不同类型的社会组织共同参与社区治理，受到整体的行动目标、行动方式和行动结果的形塑，尽管总体的参与模式相同，但由于组织认同和选择能力的不同，不同类型社会组织的参与路径展现出了比较明显的差异。

基层社会治理者已经感受到这种差异性对治理思路和治理方式提出的挑战，实践中，治理者已经开始思考如何引导不同类型的社会组织有序发展，使社会组织在社区治理中主动革新并各尽其能，实现社会组织整体的健康发展，优化基层社会治理机制。本书研究聚焦于那些面向社区提供各种服务的社会组织，即公共服务型社会组织。公共服务型社会组织的发展与社会成员的结社生活和政府职能转型关联紧密，同时其参与社会治理的路径能够比较清晰地反映出社会力量的发育成长。本书研究通过对公共服务型社会组织内部不同类型的组织认同和资源选择能力的特征勾勒，分析基于此形成的参与社区治理的路径差异，进而探讨参与路径的革新和分类引导社会组织参与的治理思路。

二、研究意义

改革开放以来，我国经济领域的深刻转型带来了社会领域的显著变迁。因此，当代中国基层社会治理的兴起，并不是在"社区衰弱"和社会资本下降的历史背景下提出的，相反，恰恰是因为经济领域系统改革带来的结构性冲击，产生了对基层社会治理（社区建设）"补课式"的现实需求。在这个过程中，党和国家越来越意识到激活来自基层社会生活本身的、协调各种社会关系的机制，即重塑结构意义上的基层社会组织体系的重要性。其中，社会的生产特别是社会组织的发育受到学界和政策制定者的广泛关注。社会组织的发育从一开始就置身于特定的经济社会情境中，实践中，社会组织通过参与社会治理获得了自身的发展空间，成长为具有社会意义的组织载体。同时，治理者选择发展社会组织以扭转长期以来"弱社会"的局面，形成基层社会治理转型以"自上而下推动自下而上"的动力机制,最终形成多元主体共建共治共享的现代基层社会治理格局,探索社会良性秩序的自我维持路径。

近二十年基层社会治理所呈现的图景是:大量支持社会组织发展的制度被不断生产,社会组织作为基层社会治理的重要主体得到了充分的关注,地方政府积极探索在基层社会治理中充分发挥社会组织的功能,试图提炼出一些具有典型性的特色路径,总结出一些具有推广性的可复制路径。在百花争艳的探索面前,近期的研究也清醒地发现,社会组织参与基层社会治理的探索实践并未产生预期的治理效应,社会组织的发展因一些关键条件的缺失而面临无源之水的困境,基层社会治理的体制机制创新乏力,需从整体层面去讨论社会组织参与基层社会治理的一系列支撑条件。而对这些支撑条件的深入讨论离不开对经验层面社会组织参与情况的把握,这种把握不仅是对社会组织"一般"情况的普遍性描述,还需要对社会组织差异性情况进行关注,以便更准确更细致地剖析经验事实。

本书研究探讨"社会组织参与路径"这一植根于实践且能管中窥豹的具体问题,将"社会治理"的空间聚焦于"社区治理"这一基本治理单元,去分析社会组织参与社区治理路径在实践中可能呈现出的诸多特征,发现其中存在的路径差异,揭示不同路径所蕴含的社会力量生长轨迹,有助于分类引导不同路径的社会组织参与社区治理,构建健康的社会组织体系,优化社会治理机制,提升国家治理能力。具体来说,本书研究具有以下学术价值和应用价值。

(一)学术价值

(1)分析新时期我国社会组织生长路径的非一致性。梳理基层社会组织的不同类型,揭示社会组织参与社区治理的不同路径,为基层社会治理和社会组织研究提供依据。

(2)探讨政府与社会组织互动轨迹的复杂性。通过对社会组织参与社区治理路径差异的研究,深入探究不同类型社会组织资源汲取能力的不同以及各自在社区治理中遭遇的独特困境,丰富我国政社关系研究。

(二)应用价值

(1)为走出社会组织发展困境提供新思路。在国家治理转型的背景下,依据不同类型社会组织的身份定位和行动方式进行分类引导,有助于增强运用制度引导社会组织的能力,推动社会组织健康有序发展,提升国家治理能力。

(2)为破解社区治理难题寻找新视角。社区治理结构的优化离不开社会组织的参与,分析不同参与路径的社会组织在社区治理中遭遇的独特挑战和共同困境,可以更精准地配置社区治理资源,实现基层社会治理精细化。

第二节　研究综述

一、"参与":集体行动的呈现

(一)社会参与及其在赋权上的意义

20 世纪 70 年代中期,"赋权"一词逐渐为学界使用并用来分析基层社会中的"公民参与"现象,而后,越来越多的学者和实务工作者将"参与"和"赋权"紧密连接,认为参与具有较强和较实际的赋权意义。

赋权是多维参与能力的持续构建,包括认知和行为的改变①。赋权主体可以是个人、家庭和社区,赋权维度则有个人行动的自我赋权、人际间的相互赋权以及社会行动结果中的社会赋权②,三者紧密相连不可分割。同时,社会赋权对人格力量、系统能力、市民权利、社会行动者权能等产生更加积极的影响。一些从社区层次展开的个案研究为组织层面的赋权提供了方法和模式的支撑,比如在一个研究生态旅游倡议对当地社区发生影响进而赋权社区的分析中,研究者发现,基层组织的社区赋权模式在经济层面表现为社区获得持久性收益,在心理层面表现为社区成员自尊得到提升,在社会层面表现为社区凝聚力增强,在政治层面表现为政治结构公平地代表了所有社区群体的需求和利益③。有学者发现,在推动自组织自主走向社区变革的过程中,存在着社区赋权的九个

① Kieffer, C. H. Citizen Empowerment: a Developmental Perspective. *Prevention in Human Services*, vol.3, 1983, p.9.

② Pigg, Kenneth E. Three Faces of Empowerment: Expanding the Theory of Empowerment in Community Development. *Journal of the Community Development Society*, vol.33, 2002, p.107 - 123.

③ Scheyvens, Regina. Ecotourism and the Empowerment of Local Communities. *Tourism Management*, vol.20, 1999, p.245 - 249.

"领域"方法①,具体表现为:①提高参与性;②发展地方领导能力;③提高问题评估能力;④对人们需求的批判性认识;⑤建立组织结构;⑥提高资源动员能力;⑦加强与其他组织和个人的联系;⑧与外部代理人建立公平的关系;⑨增强对管理的控制。

社会赋权不仅是静态意义上的理论创设,更是动态意义上的行动过程。它是一套持久的承诺和能力的实现,因此也可以称之为"参与能力"。社会参与的形式包括告知、在场、表达、讨论、决策制定、自我管理②,这六个形式代表了社会参与的程度从低到高。有学者对参与能力进行了解读,认为参与能力是指相关主体在政治社会环境中发挥自觉和自信所需要的态度、理解和能力的结合,其本质是赋权的演进③。在社区治理中,"民主"时常被理解为一种综合或参与性的决策形式④,表现为通过直接控制或间接授权的方式赋予公民参与和影响社区问题的权利,而以社区为基础的参与性试验(CBPR)是克服社区不信任、积累社会资本的有效路径⑤。

不断革新的信息技术嵌入到集体行动,改变了参与的具体形式和集体行动的目标达成。互联网技术的发展打破了"参与"在时间和空间上的束缚,比如社交媒体有助于增强边缘人群的幸福感⑥,线上参与增加了参与的可及性进而能够更多地影响决策过程,互联网通过在组织、动员和跨国化方面促进和支持传统的线下集体行动,以及新创造的电子工具,将集体行动的互联网支持转到基于互联网的行动层面、降低互联网使用的实际门槛等参与模式对集体行动产生

① Islam, and M. Rezaul. *NGOs, Social Capital and Community Empowerment in Bangladesh*. Springer Singapore, 2016, p.51 – 56.

② Samuel Paul. *Community Participation in Development Projects: The World Bank Experience*. the World Bank, 1987.

③ Freire, Paulo. Pedagogy of the Oppressed. *New Zealand Nursing Journal Kai Tiaki*, vol.68, 2008, p.14.

④ Somerville, and Peter. Community Governance and Democracy. *Policy & Politics*, vol.33, 2005, p.117 – 144.

⑤ Key, Kent D., et al. The Continuum of Community Engagement in Research: A Roadmap for Understanding and Assessing Progress. *Progress in Community Health Partnerships Research Education and Action*, vol.13, 2019, p.427 – 434.

⑥ Bekalu, Mesfin A, et al. Association of Social Participation, Perception of Neighborhood Social Cohesion, and Social Media Use with Happiness: Evidence of Trade-Off (JCOP-20-277). *Journal of Community Psychology*, 2020, p.1 – 15.

了影响①。这些技术手段的变革需要地方政府采取更具战略性和综合性的应对方法以促进和激励公民参与地方决策②,实现增强集体行动的同时加强执法主体的社会控制。

(二)有组织的集体行动的参与呈现

各种社区组织和利益群体通过有组织的集体行动,参与到社区的各项公共事务中,获得了参与的体验、技能,进而在一定意义上实现自我赋权、社会赋权和政府赋权。

我国的社会组织通过参与社会治理,使国家权力、社会权力都发生了一些改变,基于对个案的观察,有的学者认为是单向的"赋权"③,有的学者认为国家与社会的权力都得到了提升,形成"双向赋权":国家本身的权威得到了强化与支持,而社会组织也获得了一定程度的发展④。也有学者在对社会组织服务项目的运作考察中,提出"合力赋权",发现同时存在社会组织对受益人的赋权和利益相关者对社会组织的赋权,而这两个方面的赋权受到多利益相关主体的影响,而各行动主体的赋权动力和实现机制也是存在差异的⑤。有研究通过调查宾夕法尼亚州匹兹堡贫困社区的四个社区组织的成员和参与者,分析社区组织与居民的自我效能、集体效能和社区意识之间的因果关系,研究发现,参与社区组织日常活动和决策的居民,其自我效能感、组织集体效能更高⑥。此外,有研究表明,社会参与和邻里社会凝聚力与幸福感呈现正相关,而社交媒体使用与

---

① Laer, Jeroen Van, and P. V. Aelst. Internet and Social Movement Action Repertoires. *Information Communication and Society Communication & Society*, vol.8,2010, p.1146-1171.

② Iglesias Alonso, Ángel H., and Roberto L. Barbeito Iglesias. Participatory Democracy in Local Government:An Online Platform in the City of Madrid. *Hrvatska i komparativna javna uprava:časopis za teoriju i praksu javne uprave*, vol.20, 2020, p.246-268.

③ 敬乂嘉:《控制与赋权:中国政府的社会组织发展策略》,《学海》2016年第1期,第22-33页。

④ 纪莺莺:《从"双向嵌入"到"双向赋权":以N市社区社会组织为例——兼论当代中国国家与社会关系的重构》,《浙江学刊》2017年第1期,第49-56页。

⑤ 杨义凤、马良灿:《合力赋权:社会组织动员参与有效性的一个解释框架——以NZ康复服务项目为例》,《福建论坛·人文社会科学版》2017年第3期,第80-86页。

⑥ Mary L, Ohmer. Citizen Participation in Neighborhood Organizations and Its Relationship to Volunteers, Self-and Collective Efficacy and Sense of Community. *Social Work Research*, vol.31, 2007, p. 109-120.

幸福感呈负相关,公民更多的是通过社会赋权参与来获得社会认同①。学者考察了一项参与性社区健康促进干预项目,在这一过程中,项目执行者把权力转移给青年群体,让他们负责表达、决策和行动,使得青年群体提高了公民意识,并对他们融入社区产生了积极的意义②。政府高层支持服务改善的信号,激励服务提供者将公民视为服务的生产者,以提升基层参与权能③。

研究者进一步分析了有组织的集体参与能够得以实现并达成一定目标的具体路径。其一,发掘自身资源的路径。一项研究加拿大沿海地区渔民组织参与管理决策的项目发现,渔民组织通过共同自主学习获得大量的政治参与和授权知识,积极进行社区管理决策并进一步发展参与式渔业④。另一项考察女权运动团体的研究发现,该女权运动组织在社会运动中,通过优化组织结构和明确组织目标去扩大对社会的影响,从而获得资源、发展技能和自尊⑤。

其二,寻找合作伙伴的路径。城市和科技快速发展,一些群体的生活反而变得不便利,削弱了他们的参与机会,阻碍一些社会权利的实现。生活在大城市、中等城市和农村地区的老年群体,通过各个领域的社会组织,倡导为生活在年轻社区的老年人提供更多的社会互动机会、增加公共交通可及性,特别是为身体不便的老年人增加辅助性交通工具的可及性⑥。地方社区在评估其环境状况,制定创新、实用和有效的解决方案以改善社区环境健康的过程中,与政府的卫生监督审查部门和社会卫生制定标准性机构等权威合作伙伴进行有组织

① Bekalu Mesfin A, et al. Association of Social Participation, Perception of Neighborhood Social Cohesion, and Social Media use with Happiness: Evidence of Trade-off (JCOP - 20 - 277). *Journal of community psychology*, 2020.

② Cargo Margaret, et al. Empowerment as Fostering Positive Youth Development and Citizenship. *American Journal of Health Behavior*, vol.27, 2003, p. S66 - S79.

③ Derick W. Brinkerhoff, and Anna Wetterberg. Gauging the Effects of Social Accountability on Services, Governance, and Citizen Empowerment. *Public Administration Review*, vol.76, 2016, p. 274 - 286.

④ Melanie Wiber, et al. Enhancing Community Empowerment through Participatory Fisheries Research. *Marine Policy*, vol.33, 2009, p. 172 - 179.

⑤ Riger S. Vehicles for Empowerment: The Case of Feminist Movement Organizations. *Prevention in Human Services*, vol.3, 1984, p. 99 - 117.

⑥ Mélanie Levasseur, Daniel Naud, Jean-François Bruneau and Mélissa Généreux. Environmental Characteristics Associated with Older Adults' Social Participation: The Contribution of Sociodemography and Transportation in Metropolitan, Urban, and Rural Areas. *International Journal of Environmental Research and Public Health*, Vol. 17, 2020, p.1 - 15.

的协作,促进集体福祉的提升①。

其三,与政府协商的路径。学者以非正式经济活动比例最高的国家之一的泰国为例,发现泰国非正式部门的劳动力参与开展工资协商,并且致力于提升公共福利事项上的参与制定权利②。

二、社会组织参与社区治理:建构中的社区治理结构

20 世纪 80 年代以来的改革,使中国社会结构发生了剧烈的变化。应该说,社会领域的变革并非改革的初始目标,但经济领域的改革实际上导致社会结构在不同层次的持续分化,在宏观层面表现为国家与社会逐渐分离,社会作为一种独立于国家体系之外的力量开始萌芽③;中观层面,以单位制为核心的全能型管理体制,在以产权多元化和经济运作市场化为基本内容的经济体制改革的冲击下开始瓦解。至此,城市基层社会治理空间的实践图景发生了深刻的变化,社区治理结构处于建构之中,为社会组织参与社区治理提供了机遇。

(一)多元主体参与社区治理

1. 不同主体在社区治理中的角色

多元主体参与社区治理,关键在于政府、社会和居民之间的相互关系。党的十九届四中全会明确指出,坚持和完善共建共治共享的社会治理制度是推进国家治理体系和治理能力现代化的重要内容。针对如何形成共建共治共享的社会治理制度问题,赋权多元主体,学界现有研究主要集中于三个方面,即社会组织参与、政府主导和居民参与。

社会组织在参与公共服务购买中,旨在连接多方社会主体,调动社会资源,帮助政府有效地满足社会成员多样化的需求。社区矫正服务中,通过购买社会

---

① Liem Tran, Timothy Barzyk, Mark Ridgley, et al. Prioritizing Community Environmental Concerns with a Hybrid Approach to Multi-criteria Decision-making-a Case Study of Newport News, Virginia, USA. *Journal of Environmental Planning and Management*, vol 63, 2020, p.2501 - 2517.

② Thaiprasert Nalitra, Leurcharusmee Supanika, Jatukannyaprateep Peerapat, et al. Determinants of Labor Force Participation and Wages in Thailand: What is the Role of the Informal Sector?. *Journal of the East Asian Economic Association*, vol 34. 2020, p. 301 - 326.

③ 孙立平:《转型与断裂——改革以来中国社会结构的变迁》,北京:清华大学出版社,2004 年,第 3 页。

组织的服务,引入了社会组织的参与,提高社区的凝聚力、增进社区的安全感[1]。社会组织参与公共服务不仅需要各类社会组织发展壮大,也需要社会组织保有一定程度上的独立性。有学者从政府购买公共服务的案例出发,指出要使公共服务达到预期效果,需要保持社会组织在服务购买中的独立性。换言之,赋权意义上的社会参与是基于各类社会组织地位上的相对独立性、发展中的可持续性、参与服务的协同性而展开的[2]。

　　社会组织参与虽然对于国家治理和基层社会治理有不可替代的作用,但在中国当前的国情民情下,政府主体仍然是基本内核。在此,学界分别从多元化视角、制度建构以及社会治理模式等多维角度进行分析,探究政府主体在社会治理结构建构、社会参与调配中的角色。不同研究都呈现出了一个共同的发现——政府主导地位。宋华琳[3]从规制的视角出发,提出在合作治理框架中,政府依然占据主导地位。金太军[4]从结构视角出发,倡导结构建制上的一核多元的结构样态。多元视角的理论分析衍生出不同层次的制度建构。有学者提出可以通过制度强化、制度改革和制度建设三个层面,建立社会与政府的协同治理机制[5]。围绕着政府主导地位的客观状况和现实需求,基于制度建构的差异性、参与主体赋权的大小程度,学界提出了不同模式的社会治理组合形态,包括合作治理、协作治理、区域协调治理、社区参与式治理,但是无论是哪种形态,政府在其中都居于主导地位。

　　居民参与社会公共事务不仅是社会民主化进程的表现,也是社区治理合法性的支撑。我国居民在社区中的参与主要有他组织参与和自组织参与两类,前者是被动式的吸纳,后者是主动性的参与[6]。主动性的参与是社区治理比较理想的状态。推进居民参与社区治理,既需要强调社区居民取得社区治理权力和

---

[1]　吴宗宪:《社会力量参与社区矫正的若干理论问题探讨》,《法学评论》2008 年第 3 期,第 133 - 139 页。

[2]　王名、乐园:《中国民间组织参与公共服务购买的模式分析》,《中共浙江省委党校学报》2008 年第 4 期,第 5 - 13 页。

[3]　宋华琳:《论政府规制中的合作治理》,《政治与法律》2016 年第 8 期,第 14 - 23 页。

[4]　金太军、鹿斌:《社会治理创新:结构视角》,《中国行政管理》2019 年第 12 期,第 51 - 57 页。

[5]　郁建兴、任泽涛:《当代中国社会建设中的协同治理——一个分析框架》,《学术月刊》2012 年第 8 期,第 23 - 31 页。

[6]　杨贵华:《转换居民的社区参与方式,提升居民的自组织参与能力——城市社区自组织能力建设路径研究》,《复旦学报(社会科学版)》2009 年第 1 期,第 127 - 133 页。

发展权力的过程,又需要强调社区居民获得权力的结果和状态,还需要强调社区居民拥有合理使用自身权力的能力。在这个过程中,政府或政策尝试向社区开放一些治理资源,向居民适当赋权,创建机制和路径,促进居民在一个公共的平台上表达需求、分析资源配置,提升解决问题的意识和能力,逐渐融入社区治理。在当前居民参与层次尚浅的状况下,如何使用合适的治理技术,让居民参与的形式有吸引力、参与效能提升,逐步向居民赋权增能,对于提升社区治理民主化,探索居民参与走向制度化,是一个有启发的思路①。

2. 社会治理结构转变

我国社会治理结构经历了新中国成立初期的全能型政府治理②,到改革开放之后以转变政府职能、培育和扶持社会力量为特征的新型社会治理结构。政府之外的其他力量的参与越来越普遍,是社会治理结构转变的重要动力。在我国,"参与"更多表现为其他社会主体在政府治理体系中的协同与配合,社会组织的发展、政府的主导、社区的自治,都对我国社会治理结构的转变产生了深远的影响。

新中国成立以来,我国社会治理发生了显著的变迁,学者们对这一宏大现象给予了充分的解读。改革前,以单位制为核心的单位社区是城市基本空间单元,作为调控整个城市社会运转的中枢系统,单位制发挥的中枢功能不仅体现在经济运行上,也体现在对城市生活空间的塑造上。单位作为城市社会的基层组织,具有政治、经济与社会的三位一体的功能③,形成了单位社区。随着市场化、城镇化的发展,街居制逐渐解体,社区制建立起来。资源配置结构在社区治理结构转变中起着关键性作用,资源主体多样化的需求主导着社区改革的方向④。进入 21 世纪,大数据给社会治理结构带来了新的挑战,大数据对治理结构的冲击和对治理主体责任的强化⑤,急需政府、社会组织和公众之间的通力合作,以保证社会治理的效率和效能。

---

① 尹浩:《城市社区微治理的多维赋权机制研究》,《社会主义研究》2016 年第 5 期,第 100 - 106 页。
② 丰存斌:《民间组织在促进公民参与中的作用分析》,《理论探索》2008 年第 6 期,第 128 - 130 页。
③ 路风:《单位:一种特殊的社会组织形式》,《中国社会科学》1989 年第 1 期,第 71 - 88 页。
④ 冯玲、李志远:《中国城市社区治理结构变迁的过程分析——基于资源配置视角》,《人文杂志》2003 年第 1 期,第 133 - 138 页。
⑤ 王文彬、徐顽强:《结构变迁与主体强化:大数据时代的城市社会治理》,《电子商务》2020 年第 4 期,第 114 - 120 页。

社会组织已经成为创新社会治理的重要主体,在社区服务和协商中发挥了积极的功能。学者们在研究社会组织相关议题时,都看到了社会组织在社区服务传递中的广泛参与、社会组织在社区议题协商中的参与。社会成员利益的分化,呈现在社区中就是社区居民的异质性大大提高。与政府部门的刚性运作模式和诸多的"硬约束"相比,社会组织的优势在于可以运用各种灵活的手段来动员、引导、教育社会成员,并维持社会秩序。更为重要的是,吸纳社会组织开展社区治理可以有效提升公众自我协调、自我服务能力,从而降低各级政府部门的行政治理成本,形成良性的社会治理体系[①]。但学界和实务工作者都发现,社会组织在建构社区治理结构过程中的作用发挥不尽如人意。丰富的研究指出社会组织参与社区治理中的制度安排问题,比如公共性的缺失、治理资源的不足等问题[②]。社会组织在促进中国"深层次公民参与"中还远远没有发挥出应有的作用,学者的多案例分析发现:由社会组织主动发起的公众参与在我国相对缺失,在为数不多的由社会组织主导发起的社区参与案例中,社会组织的参与更多是"在场"和积极的辅助,同时,社会组织基本不在公开场合组织公众进行公共事务协商、引导社会团结理念,更多只是通过讲座、论坛等方式宣传自身的理念[③]。导致社会组织未能成为公众深层次参与的推动者和实践者的原因是多重的,既有传统政治文化和权力观念的因素,也有社会组织自身能力不足的因素,还有社会组织为规避制度风险而有意为之的因素。

政府主导社会治理方面。纵观我国社会治理结构的变迁,政府在其中起到了主导的作用。每一次治理体制机制的变革,都离不开政府的自我革新和积极作为。政府掌握着社会治理结构建构的关键资源,政府的制度和行为会对相关行动者的行动空间和结果产生重要的影响。虽然政府一直在动态调适自己的角色和方式,但仍然需要在深层次上进行改变,以形成面向治理现代化的社会治理结构。政府在创新社会治理机制中,将更多的注意力放在了行政方式的改革尤其是技术的引入,而对社会参与不足的问题回应不够。一些制度创新表现

---

① 黄晓春、张东苏:《十字路口的中国社会组织:政策选择与发展路径》,上海:上海人民出版社,2015年,第30-37页。

② 李友梅:《新时期加强社会组织建设研究》,北京:经济科学出版社,2017年。

③ 陈刚:《范式转换与民主协商:争议性公共议题的媒介表达与社会参与》,《新闻与传播研究》2011年第2期,第15-24页。

出了较强的技术理性,而导致参与主体相对缺位,制约着公共性发展,需加快社会治理理念的转变,促进公众参与共同治理,完善参与机制①。在双重治理体系中,单位治理是直接治理,政府治理更多是间接治理,而政府在审批、指示等的权限和地位,使之在实际的治理实践中将具体的治理责任交给单位,政府很多时候是免责的。一旦单位治理发生瓦解,面对公众的需要,少有组织能够真正担当治理责任,包括社会组织在内的基层社会组织缺少连接、庇护、协调、应责和代表机能,会对社会治理结构的转变带来阻碍②。

社区这个基层治理空间是相对自治的,近年来我国社区治理的创新取得了显著的提升。社区治理中,出现了一些新的组织形式,业主委员会、物业管理公司、志愿者组织等出现在社区治理结构中,代表着不同群体的利益,就公共问题展开自我管理和自我服务。但是,由于社区参与不够广泛、社区行动主体合作不足而带来的社区治理效能不高的问题仍然存在。社区管理制度及其执行滞后于社区实践创新的努力,社区工作行政化、官僚化程度不减,过度的行政渗透既增加政府行政成本,又导致社区居民产生对社区治理的"无权"感,削减了居民参与社区治理的动力③。社区自治中,科层逻辑的嵌入和干预,使得社区居委会既是一个代表社会的基层自治组织,也是国家整合社会的基础末梢。在考核指标的吸纳下,居委会出于理性权衡,更多的时间是在传递国家政策、执行政府部门和各个条线下发的任务,"行政化"色彩浓厚。此消彼长,居委会倾听居民需求、引导居民自治的角色弱化④。不仅是居委会,社区的社会组织也存在向上负责多,与服务对象沟通少的特征。社区组织在自治中功能发挥的不足,与居民参与热情不高叠加在一起,导致社区自治的活力欠缺。反映在社区居民的政治效能感上,社区治理内在政治效能感偏低⑤。

---

① 韦诸霞、汪大海:《我国城镇化进程中社会治理的公共性困境与重建》,《中州学刊》2015年第4期,第73—77页。
② 张静:《中国基层社会治理为何失效?》,《文化纵横》2016年第5期,第30—34页。
③ 尹浩:《"无权"到"赋权":城市基层社会治理的新机制》,《南昌大学学报(人文社会科学版)》,2016年第5期,第22—28页。
④ 唐有财、胡兵:《社区治理中的公众参与:国家认同与社区认同的双重驱动》,《云南师范大学学报(哲学社会科学版)》2016年第2期,第63—69页。
⑤ 李蓉蓉:《城市居民社区政治效能感与社区自治》,《中国行政管理》2013年第3期,第53—57页。

　　(二)发展社会组织:一种理论旨向和实践期待

　　1.“发展社会组织”作为一种理论旨向

　　治理者推动或倡导的社会生活主轴,往往是理论增长最旺盛的支点,几乎是同时,学术界对正在发育的基层社区亦投入了很多关注。由于观察的视角不同,研究者们从中国的社区建设实践中逐渐开辟出两种不同的研究路径。

　　第一种可概括为“基层政权建设”的路径。持该路径的研究者发现,20世纪90年代以来上海、北京等地“两级政府、三级管理、四级网络”的社区建设实践,实质是政府通过社区建设将国家权威渗透基层社会的过程,其目标在于重建城市基层社区中带有指令性的行政协调系统,即通过国家完善和强化基层“条”“块”行政组织,在行政社区中重建政治权威的合法性,以强化国家的基础性权利[1]。以1997年《上海街道办事处条例》为例,社区建设中许多政策创新和组织创新明显促进了社区权力的重组和分化,政策的指向在于发展和完善处于行政末梢的“街居制”,通过城市基层组织体制改革,发展社区“块”层面的组织体系,从而将城市基层社会的管理重心从“条”上的单位下移至“块”上的社区,改革的结果是街区内的行政权力机构由虚拟状态向一级政府实体转变,社区成为国家行政的基础单元[2]。另一种研究路径可概括为“基层社会发育”路径。持该路径的研究者从滕尼斯关于“社区”概念源论出发,认为社区建设就是在国家与社会分离的视野中,寻找一个社会自我发育和社会自治的空间[3]。根据这种研究路径,基层社会发育是普通市民在政府主导下,利用正在形成中的市场社会所提供的“自由流动资源”和“自由活动空间”,构建相对独立于国家的具有一定自主性的“自组织空间”,从而在一定程度上形成能“自主”与“自为”的社会自我支持系统[4],如徐勇认为中国城市社区自治组织的建构正由起初的行政主导向自治性复归[5],刘为民认为“社区建设的终期目标是不断增强

---

[1]　李友梅:《社区治理:公民社会的微观基础》,《社会》2007年第2期,第159-169页。

[2]　朱健刚:《城市街区的权力变迁:强国家与强社会模式——对一个街区权力结构的分析》,《战略与管理》1997年第4期,第42-53页。

[3]　吴晓林:《中国城市社区建设研究述评(2000—2010年)——以CSSCI检索论文为主要研究对象》,《公共管理学报》2012年第1期,第111-120页。

[4]　李友梅:《社区治理:公民社会的微观基础》,《社会》2007年第2期,第159-169页。

[5]　徐勇:《论城市社区建设中的社区居民自治》,《华中师范大学学报(人文社会科学版)》2001年第3期,第5-13页。

以社区为微观架构的社会自治理能力"①等。

上述两种理论取向反映了当前社区建设实践的两个面向,即中国社区建设不仅是国家基层政权建设的过程,同时也是基层社会发育的过程:一方面,国家通过社区建设,使基层政权建设不断加强,政权重心进一步下沉,另一方面,随着社区建设,来自市场、民间社会的力量获得了更大的体制性空间,并初步形成了自身的资源汲取、获得机制与利益表达途径。两个过程的持续双向互动,使得社区层面的公共事务越来越依赖一种由多个相关组织参与的决策和执行体系,意味着"街居制"下政府单一的主体管理模式逐渐朝向一个新型的"共治"模式演变。

在"社区共治"的话语体系中,"多主体合作"被视为"共治"的核心要素,其本身就预设了一个能动有力的"强社会"前提。第一,社区中大量活跃的多元治理主体被认为是"共治"的前提。合作治理的研究者们认为,现代化建设使传统社会中同质、单一、富有人情味的社会共同体,如村落、宗族、邻里等逐渐解体,行会、教会和公社等大量国家权力外的中间组织也大都没落或异变,个人与社会之间的联结发生断裂,社会出现原子化危机,这成为基层社会治理复杂性和紧迫性的根源②。而社区作为地域社会生活共同体,要真正承担起居民自我组织、自我管理、自我服务的功能,就必须把原子化的个人和利益相关者组织起来,形成涵盖政府、企业、非政府组织、私人机构甚至于个人的多元社区治理主体。第二,有效的参与,被认为是形成良好社区"共治"的重要条件。社区被认为是各种组织实现其组织目标的行动"场域",在社区中,政府组织与其他组织之间的关系不再是单纯的管理和被管理关系,而是通过建立合作的关系来实现社区公共目标。原来由国家发起的社会福利项目,已经转变为通过政府和社会组织的伙伴关系来安排,通过推动居民、商业组织社会组织等一起解决问题并采取行动,社区的回应性得以增强。由此可见,一个能动有效的"强社会"被视为社区"共治"的重要前提条件。

后来的学术讨论逐渐认识到并接受了实践领域"弱社会"的现实,并意识到

---

① 刘为民:《转型期我国城市社区建设的政治学分析》,《求实》2004 年第 1 期,第 34 - 36 页。

② 田毅鹏、吕方:《社会原子化:理论谱系及其问题表达》,《天津社会科学》2010 年第 5 期,第 68 - 73 页。

治理转型并非遵循"从单边主义到多元共治"的线性逻辑,在缺乏成熟社会基础的环境下,社区治理并非马上能由政府单边治理转向多元力量共治,而是需要一系列条件[①]。研究者们在吸收国际前沿理论和我国治理经验的基础上,对于"强社会"的培育路径基本达成共识,如同他们提出的那样:可以通过社区建设营造一种属于社区层面的公共领域,发育一批社会性的自组织,并以某种制度化方式使其参与到城市社会治理和公共服务中去,从而增强社区生活的自我实现和自我维系能力,形成社会的自我协调机制。作为现代社会治理的社会基础和重要主体,发展社会组织被认为对于社会发育、促成"强社会"格局具有重要意义。

2."发展社会组织"作为一种实践期待

"发展社会组织"的理论旨向在成为理论界普遍共识的同时,也逐渐被治理者有选择地接受和吸纳进实践领域,进而逐步演化为社会治理转型期一项重要的政策实践。面对我国"弱社会"的"民情",实践领域的社区建设遭遇着诸多困境。要在实践层面"发展社会组织",首先需要厘清两个方面的现状。

一方面,独立于国家权力之外的公共组织发展长期受到制约。改革开放后,随着自由空间的出现和不断扩大,独立于国家主体社会结构的社会力量开始发育并不断生长,社会的组织化需求不断提高,各种行业协会、商会、学会逐渐发展起来。但受传统管理思想和管理成本的影响,1978 年到 1988 年的十年里,我国对社会组织的发展主要采取定期清理整顿的做法,后者的生存和发展缺乏法律保障。1988 年后我国先后制定了《社会团体登记管理条例》《基金会管理办法》和《民办非企业单位登记管理条例》,社会组织的发展获得了一定的法律保障。但当时社会组织的注册有较高的准入门槛,国家实行业务主管单位和登记管理机关的双重许可和双重管理体制,社会组织发展的空间受到诸多限制。通过对社会不同群体表达利益诉求强烈愿望的研判,以及服务型政府建设和市场经济进一步发展的需要,2004 年,"构建社会主义和谐社会"的目标被提出,党和国家逐渐认可了社团、行业组织和社会中介组织在提供服务、反映诉求、规范行为等方面发挥的积极作用,强调要在社会管理中发挥社会组织的协同作用。党和国家的政策转变给一些类别的社会组织发展释放了积极的信号,

---

① 李友梅:《我国特大城市基层社会治理创新分析》,《中共中央党校学报》2016 年第 2 期,第 5—12 页。

政策做出了培育发展与监督管理并重的调整。在这之后,中国社会组织发展获得了新的时代机遇。也就是说,在近半个世纪的基层治理实践中,独立于国家力量之外的社会组织作为社区治理重要主体长期难以发育,就更不用说其对于整合社区自治力量、推动社区凝聚力和自治文化和鼓励社区居民的应有贡献。

另一方面,"共治"格局中社会力量的公共性不足。"公共性"具有多重含义,从社会建设的角度,可以指能够使个体超越狭隘的自我而关注公共生活,就共同关注的问题展开讨论和行动①。"公共性"是促成当代"社会团结"的重要机制,在当前的社区建设中,"公共性"发育不足,被认为是掣肘社区"共治"的重要因素之一。一是作为社区"共治"主体的公众参与不足。尽管近年来国家在多个层面加大了基层民主建设的力度,试图通过营造各种公共事务和参与机制,吸引公众积极参与社区公共管理和服务,但公众参与社区事务积极性并未获得有效提升。二是基层公共组织参与社区社会管理和公共服务的主体意识缺位。长期以来,在全能政府的治理格局中,社区公共力量的作用并非被引向社区共治,而是逐渐变为国家在基层的代理人,缺乏参与社区共治的公共性。综上所述,与理想中的社区共治相比,现实中实现基层社会治理转型所需的社会基础相对缺乏。

同时,治理者都看到了社会组织在社区治理中独特的作用。第一,活跃于社区的社会组织具有鲜明的"社区"特点,是社会组织中最通民心、最接地气的一类。通过社区社会组织参与社区议事、管理社区事务、参与和享受社区服务,最直接地体现着基层群众的志愿性和参与性,体现着人民群众对美好的物质精神生活的向往。这种联系群众的广泛性、组织群众的便利性、服务群众的直接性优势,是其他社会组织有所不及的。基层党委政府以社区社会组织为纽带持续加强对社区群众活动的引导和支持,可以有效传递党的方针政策和关怀温暖,进一步紧密团结社区群众、巩固党同人民群众的血肉联系。

第二,新时代对基层治理提出更高要求,做好社会组织工作可以有效提升基层治理能力。党的十八届三中全会以来,党中央对加强和创新社会治理多次作出明确要求。相较于传统的"社会管理","社会治理"更加重视社会各方面的

---

① 李友梅、肖瑛、黄晓春:《当代中国社会建设的公共性困境及其超越》,《中国社会科学》2012 年第 4 期,第 125 - 139 页。

参与和利益表达,重视人民内部矛盾的有效预防和化解,重视推动政府治理和社会调节、居民自治良性互动。党的十九届四中全会着眼于实现国家治理体系和治理能力现代化的远景目标,进一步明确打造共建共治共享的社会治理格局要求。十九届五中全会再次强调"发挥群团组织和社会组织在社会治理中的作用,畅通和规范市场主体、新社会阶层、社会工作者和志愿者等参与社会治理的途径"。上海市民政局通过社区公益项目招投标鼓励社会组织参与社区扶老、助残、济困、爱幼等服务活动,自 2009 年开始大量引入社会组织参与以来,社会组织在满足基层社区服务需求、提高公共服务效能方面发挥了重要作用。

三、参与路径:行动领域的实践

当社会组织作为社会的有组织力量参与到社区治理中,基层治理的力量就发生了变化。作为一种新的组织形式和新的治理主体,社会组织的参与势必对原有的治理力量产生影响,并在长期互动中建构出新的力量对比及在此基础上形成新的力量格局。具体地说,社会组织在既定的制度安排下,发展出丰富的行动策略,与基层治理的原有力量互动交织在一起,改变着实际行动领域的权力关系,推动着社会组织和基层治理制度安排的调适。

（一）基于制度安排的研究

社会治理可以视为新时期党和国家连接国家与社会的制度安排,并发展出了一些中观的治理制度和机制。我国社会组织领域的重要制度安排是双重管理体制和政府购买服务制度。学者从不同的角度研究了这些制度制定和执行对社会组织产生的实际后果,提出国家对社会组织实施的是分类控制[1]、"宏观鼓励,微观约束"[2]、限制[3]等管理模式,影响着社会组织的参与路径。在中国独特的政治权力结构与文化环境中,社会组织如果没有政府的鼓励与支持很难得到发展。社会组织参与要获得合法性,必须得到党和政府机构的支持,否则难以获得形式上和实质上的合法性。同时,不同领域和地区的政府政策制定与政

---

① 康晓光、韩恒:《分类控制:当前中国大陆国家与社会关系研究》,《社会学研究》2005 年第 6 期,第 73 - 89 页。
② 俞可平:《中国公民社会:概念、分类与制度环境》,《中国社会科学》2006 年第 1 期,第 109 - 122 页。
③ 王名、孙伟林:《社会组织管理体制:内在逻辑与发展趋势》,《中国行政管理》2011 年第 7 期,第 16 - 19 页。

策实践有着明显的差异,因此社会组织的发育特征也不尽相同①。国际社会组织在慈善、环保和扶贫等民生领域非常活跃,一些官方创办的社会组织在某些方面开始逐步脱离控制而开始朝着自主的路径发展②,草根社会组织在制度性限制下仍然获得了比较明显的发展。即使通过"备案制"拥有了合法性,但政策的选择性支持仍制约着某些社会组织的参与。

项目制治理模式在社会管理领域发挥着重要影响,一些学者认为我国地方政府已经形成了项目制的社会组织治理模式③。随着政府向社会力量购买公共服务成为重要机制选择,这种机制与社会组织发展之间的内在关系得到了学者的关注。基于在上海获得的丰富资料,学者发现,政府购买服务一方面塑造了一种新型的国家与社会关系,给不同类型的社会组织带来了竞争的机会;另一方面,这一制度性安排仍然表现出明显的路径依赖,即国家对社会的反向嵌入性。竞争性与反向嵌入性共存于实践中,带来了承接政府购买服务的社会组织的多种差异性④。

一些学者开始关注社会组织政策执行中的"支持"和"限制"所隐含的社会治理问题⑤,并在此基础上提出分层治理,多个相关方协同规范管理⑥等政策思路。在实际的治理实践中,政府的确在依据政策目标和风险进行控制,通过不同时期控制权所包含的不同要素在层级政府之间的分配,实现对社会组织哪怕是同一类社会组织的浮动控制,而专业社会组织也依据一定的调整空间,针对政府控制权分配的不同层级进行分层嵌入⑦。

(二)基于行动策略的研究

基层社区组织新体制下出现的社会组织,以竞争、合作、冲突和协调的方

---

① 管兵:《城市政府结构与社会组织发育》,《社会学研究》2013 年第 4 期,第 129 - 153 页。

② Unger and Chan. China, Corporatism, and the Ease Asian Model. *The Australian Journal of Chinese Affairs*, 1995, p.29 - 53.

③ 王向民:《中国社会组织的项目制治理》,《经济社会体制比较》2014 年第 5 期,第 130 - 140 页。

④ 管兵:《竞争性与反向嵌入性:政府购买服务与社会组织发展》,《公共管理学报》2015 年第 3 期,第 83 - 92 页。

⑤ 敬乂嘉:《社会服务中的公共非营利合作关系研究》,《公共行政评论》2011 年第 5 期,第 5 - 25 页。

⑥ 马庆钰、井峰岩:《论社会组织多维性规范管理体系的构建》,《国家行政学院学报》2014 年第 3 期,第 92 - 96 页。

⑦ 徐盈艳、黎熙元:《浮动控制与分层嵌入——分层外包下的政社关系调整机制分析》,《社会学研究》2018 年第 2 期,第 115 - 139 页。

式,处理与社区治理相关组织的关系①,依据自主、选择、对等、参与、公共授权、公民责任、行动以法律为依据等要素参与社区公共事务②。

　　一段时间内,许多社会组织实际上已经展开了参与社区治理的实践,但仍面临着合法性不足的问题,导致一些组织采取"非正式政治"的策略参与社区治理③。那么,已经获得了合法性的社会组织,其参与过程是自主的吗? 大量的研究表明,即使是合法性充分的社会组织,其参与路径也是充满策略性的。一些组织需要借助国家的权威,采取与国家结合的方式参与社区公共服务④,有些组织甚至发展出"去政治的自主性"参与策略,主动或有意识地压缩了公共利益表达功能的公共服务提供上的自主性⑤。从参与过程中对资源的动员方式看,则有动员社区原有居民的底层动员路径⑥,动员社区经济政治文化资源优势人群的精英动员路径⑦,动员相同领域组织机构的联盟路径⑧。对美国和意大利的研究发现,社会组织依靠信任、互惠、网络等方式参与社区治理,解决社区问题,促进社区自治⑨。一些获得国际和国内资助的外来社会组织,在参与非洲社区的反贫困干预计划中,发展出"反精英"和"被指派的精英"的路径。有研究者认为,外来社会组织的参与只有激活社区治理的本地资源才会有效。从

---

① 李友梅:《基层社区的实际生活方式——对上海康健社区实地调查的初步认识》,《社会学研究》2002年第4期,第15-23页。

② 张静:《培育城市公共空间的社会基础——以一起上海社区纠纷案为例》,《上海政法学院学报》2006年第2期,第7-16页。

③ 张紧跟、庄文嘉:《非正式政治:一个草根NGO的行动策略——以广州业主委员会联谊会筹备委员会为例》,《社会学研究》2008年第2期,第133-150页。

④ 赵秀梅:《基层治理中的国家—社会关系——对一个参与社区公共服务的NGO的考察》,《开放时代》2008年第4期,第87-103页。

⑤ 唐文玉、马西恒:《去政治的自主性:民办社会组织的生存策略——以恩派(NPI)公益组织发展中心为例》,《浙江社会科学》2011年第10期,第58-65页。

⑥ Cable, Sherry, Charles Cable. *Environmental Problems, Grassroots Solutions: The Politics of Grassroots Environmental Conflict*. NY: St. Martin's Press, 1994.

⑦ Morrison, D. E., K. E. Hornback, and W. K. Warner. *The Environmental Movement: Some Preliminary Observations and Predictions*. In Eds, W. R. Burch, Jr., N. H. Cheek, Jr., and Taylor. *Social Behavior, Natural Resources, and the Environment*. New York: Harper and Row, 1972, p.259-279.

⑧ Skocpol, Theda, Marshall Ganz and Ziad Munson. A Nation of Organizers: The Institutional Origins of Civic Voluntarsim in the United States. *The American Political Science Review*, 2000, 94(3): 527-546.

⑨ [英]罗伯特·D.帕特南:《使民主运转起来:现代意大利的公民传统》,王列、赖海榕译,南昌:江西人民出版社,2001年。

身份认定来看,在双重管理制度的规制中,社会组织的资源获取空间相对狭窄,一些组织难以得到资源获取的"资格"①。从行动方式来看,一些"群众性团体"在时间的推进中,受到其基层群众的影响开始成为他们的代言人,一步步明确地朝社会法团模式的路径发展②;基于权力转移发现基层社团自主性增加,形成参与公共事务的准市民社会路径③。妇联组织通过在社区发展末梢组织,进而进入社区治理的决策制定,是组织主动适应环境变化而发展出的参与路径。

公共服务型社会组织依托"项目化"购买服务机制形成了新型的多边依赖格局,"找项目"、多行政区域注册、发展复合型组织结构、发展跨界资源汲取能力,与"条""块"和党群部门的不同制度逻辑进行衔接,是这类社会组织在新的制度环境中发展出来的新路径④。社会组织准入放松后,新生社会组织在国家、社会和市场的三维生存环境中,小心翼翼地运用各种策略比如"做事情"的表现型活动、"不敏感"的活动底线等,动员多环境场域中的多种资源,对抗单一资源对组织的控制⑤。

(三)基于权力关系的研究

从产生过程分析,在一些国家中,有些中介组织被并入国家权力中,因此,中介组织参与社会服务的协商和规避路径是在国家与社会的"平衡"中形成的⑥。有研究者根据对中国环保社会组织与国家互动关系的考察,提出社会组织"被嵌入的行动主义"路径⑦。另有研究者发现,只要草根社会组织在民主化诉求上能自我克制,而且在福利目标上有助于政府提高自身绩效,地方政府官

---

① Guobin Yang. Environmental NGOs and Institutional Dynamics in China. *The China Quarterly*, 2005, p.46-66.

② Unger and Chan. China, Corporatism, and the Ease Asian Model. *The Australian Journal of Chinese Affairs*, January, 1995, p.29-53.

③ Witting, Michele Andrish. An Introduction to Social Psychological Perspectives on Grassroots Organizing. *Journal of Social Issues*, 1996, 52(1):4.

④ 黄晓春、嵇欣:《非协同治理与策略性应对——社会组织自主性研究的一个理论框架》,《社会学研究》2014年第6期,第98-123页。

⑤ 郤宪达、万向东:《回到社会权力:新生社会组织的生存策略探讨》,《华东理工大学学报(社会科学版)》,2017年第4期,第52-63页。

⑥ Saich, Tony. Negotiating the State: the Development of Social Organizations in China. *The China Quarterly*, 2000(March), p.124-141.

⑦ Peter Ho and Richard Louis Edmonds. *China's Embedded Activism: Opportunities and Constraints of a Social Movement*. Routledge, 2008, p.1-2, 14, 44.

员一般会对其"非法存在视而不见"①。

城市街区内不同类型的社会组织利用和创造合法性、非正式权力网络参与社区权力分配②,通过横向互动获得了新的权力,在某种意义上重建了社区治理的"行动领域"③。一些处于渐进市场化和突发制度变迁下的社区居委会,选择与社区中的经济组织联盟,实现对社区资源的控制和掌握④。通过对社会组织参与公共服务过程的考察,发现其行政职能发生了转移,而权力并没有向社会组织转移。政府职能转型中新类型和具备新特点的社区社会组织出现,一些社会服务领域的社会组织在与政府的合作过程中,采取妥协和坚持,逐步消解了制度主体建构的单向权力关系,建立起了有利于社会自主性的积极互动的权力关系⑤。也有学者通过多案例比较发现,社会服务领域非政府组织与政府的权力关系呈现多元性⑥。越来越多的外来专业社会工作机构通过政府购买服务机制参与到街区治理中,形成了"隔离型""冲突型"和"互惠型"的嵌入方式,形成了对街道原有治理主体的适应和挑战,影响街道权力关系的同时,这些机构也面临着一些限制⑦。"派生型组织"可以视为国家利用和嵌入社会的组织实践,在该类组织产生、维系与变革的过程中,国家与社会在三对组织要素间进行张力调适,每对要素相对独立同时又交织在一起,对该类组织的发展产生了作用方位、影响机制和组织影响⑧。

---

① Anthony J. Spires. Contingent Symbiosis and Civil Society in an Authoritarian State: Understanding the Survival of China's Grassroots NGOs. *American Journal of Sociology*, 2011, vol.17, p.1 – 45.

② 朱健刚、陈安娜:《嵌入中的专业社会工作与街区权力关系——对一个政府购买服务项目的个案分析》,《社会学研究》2013 年第 1 期,第 43 – 64 页。

③ 李友梅:《城市基层社会的深层权力秩序》,《江苏社会科学》2003 年第 6 期,第 62 – 67 页。

④ 蔡禾:《企业生产资源获取方式的研究》,《社会》2005 年第 6 期,第 76 – 88 页。

⑤ 姚华:《政策执行与权力关系重构——以 S 市 2003 年市级居委会直选政策的制定过程为个案》,《社会》2007 年第 6 期,第 127 – 153 页。

⑥ 范明林:《非政府组织与政府的互动关系——基于法团主义和市民社会视角的比较个案研究》,《社会学研究》2010 年第 3 期,第 159 – 176 页。

⑦ 朱健刚、陈安娜:《嵌入中的专业社会工作与街区权力关系——对一个政府购买服务项目的个案分析》,《社会学研究》2013 年第 1 期,第 43 – 64 页。

⑧ 史普原、李晨行:《派生型组织:对中国国家与社会关系形态的组织分析》,《社会学研究》2018 年第 4 期,第 56 – 83 页。

四、研究述评

已有的研究从国家与社会关系的宏观理论探讨走向较中观的制度和行动分析,在组织学的研究脉络里,聚焦于组织环境(权力和资源)对组织参与路径的影响,以及组织如何通过能动性的行动改造了组织环境。如研究者所认为的,社会组织参与社区治理的路径是揭示国家社会互动轨迹的一个切入点。研究通过个案剖析描述了社会组织参与社区治理的路径,从中发现了社会组织自主性不足、实践制度环境不协调、基层治理公共性缺乏等深层问题。这些研究为本课题提供了扎实的理论支撑和丰富的经验借鉴,使得开展一种更为细致的分析具备了可能。

首先,研究定位上,社会组织经过多年的发展已经进入了多元阶段,忽视社会组织的不同类型而把其作为一致的整体展开参与路径的研究,看不到不同类型社会组织参与社区治理的独特困境,无法把握政府与社会互动的复杂机制,所设计的政策容易陷入千篇一律或者泛泛而谈的窠臼。

其次,研究方法上,对于某一种类型社会组织展开深入研究,得出的参与路径和政策思路囿于该类型,虽然具有一定的典型意义,但是单案例分析无法做不同类型的相互比较,而且也不利于研究不同类型社会组织的学者之间展开学术对话。此外,已有对社会组织参与的研究,集中于定性分析,基于客观数据进行参与指数评估,进而展开整体参与状况分析的较少。

再次,研究内容上,已有研究通过分析社会组织参与社区治理路径,发现了国家与社会互动中的诸多结构性问题,展现了社会组织层面的不同行动策略,但是对于制度领域的政策如何与生活领域中的社会组织如何在实践中进行了衔接、调适,从而影响了政策的调整和社会组织的发展特征,则探讨不够充分。

最后,研究对象上,组织环境中新近的变化如项目制的广泛推行,已经带来了基层关键性资源的变化,这些变化与原有的资源结合起来构成了怎样的组织环境,对社会组织参与社区治理路径产生了怎样的影响,需要研究者深入经验层面及时跟进。

基于以上梳理和述评,本课题立足于社会组织的多元形态,分析组织认同和选择能力不同而产生的社会组织参与社区治理的路径差异,探讨不同参与路径的社会组织在社区治理中遭遇的独特困境。接下来,使用定量数据展开社会参与社区治理的指数化评估。通过混合研究,分析每一种参与路径的社会组织在社区治理中的特征,同时,从整体上展现所有类别社会组织面临的共同困境,进而探讨现有参与路径的变革,提出分类引导社会组织参与社区治理的政策思路。

第三节　分析视角与概念工具

一、"制度与生活"范式的运用

"制度与生活"范式与本研究的契合。近几年较为细致的研究成果,打破了一段时间以来人们对国家与社会运行的认知。这些研究成果启示我们:国家内部的各层级、各部门之间存在着不同的价值、利益和权力,国家内部并不是铁板一块的;与此相对应,社会中亦存在着复合的结构和多样的秩序,社会内部也不是整齐划一的。于是,众多的经验事实和理论发现,让治理者和研究者开始重新审视"国家与社会"范式在我国的解释力和适应性。"国家与社会"范式在分析我国国家与社会的互动时,由于其规范性目标强,且重视宏观层面的阐释,因此不能够细致地揭示"社会"的生产过程,无法观察到不同力量的分化与多样,更无法从中观与微观层面展现国家与社会的抗衡、协调与适应等过程。

"制度与生活"范式是当前具有较好本土适应性的分析范式。该范式聚焦于国家及其代理人建构的各种社会管理制度(制度)与社会人的日常生产生活活动(生活)之间的互动过程,以及在这个过程中所生产出来的互动空间。"制度与生活"范式有三个预设或者说研究起点,其一是制度的合法性基础是规训生活,其二是制度不能完全限定生活,其三是制度与生活间是互构的①。社会组织现象是社会成员结社生活的一种重要体现,而社会组织的产生和发展受到国家治理、社会治理制度的深刻影响。当社会组织参与社区治理时,就进入了一个结社生活与制度密集互动的空间,来自生活空间的社会组织必须与社会组

---

① 李友梅、黄晓春、张虎祥等:《从弥散到秩序:"制度与生活"视野下的中国社会变迁(1921—2011)》,北京:中国大百科全书出版社,2011 年。

织相关制度及其实践主体进行熟识、碰撞和协商。同时,这也是一个制度及其实践主体去判断、辨识社会组织并调适自身的过程。在这个意义上,运用"制度与生活"范式来分析社会组织参与社区治理的路径,具有较好的解释力。"路径"在本研究中指社会组织为参与社区治理,虽然受到制度的规约,但能够呈现组织的自主性,调整行动的各种遵循方式,形成实际的道路。在本研究中,"制度"指由国家根据特定目的制定的,对社会组织发展产生直接和间接影响的明文法令、政策、主流意识形态和规范;"生活"则聚焦于社会成员的结社生活——社会组织形式及其具体运行。制度与生活在实际的具体互动中,建构了组织的生长和发展路径。

二、重要概念的操作化

"自主性"是"制度与生活"范式的一个核心概念,它对这样一个经验事实进行了提炼:来自制度与生活的行动者,总是有办法凭借哪怕是一点点的关键资源,为自己的行动保留一种可协商的余地。正是这个基于关键资源而出现的自由余地,为自主性的研究提供了可能。我们可以把组织层面的自主性理解为组织的自我运行、自我管理、自主发展、自主决策、自我服务[1],这些自主性是在组织的资源汲取行动中生产出来的,建构着组织的具体行动遵循,并最终呈现为组织独特的发展路径。已有研究运用自主性概念,分析了社会组织在与制度主体的互动中,自主性的影响机制[2]、自主性的微观生产机制[3]等。如果自主性是一个可分析的概念,那么就要能够对这个概念进行操作化。

在本研究中,我们尝试将自主性操作化为认同要求和选择能力。将自主性概念操作化为认同要求和选择能力两个维度,其解释的逻辑是:作为行动者的社会组织,其认同塑造组织的身份定位,其选择能力影响着组织实际可汲取的资源。具体到对社会组织参与社区治理路径的分析,社会组织的认同确定组织

---

① 李友梅等:《改革开放 30 年:中国社会生活的变迁》,北京:中国大百科全书出版社,2008 年版,第 38 页。

② 叶士华、孙涛:《政府购买服务背景下社会组织自主性的影响机制研究——从组织资本视角分析》,《上海行政学院学报》2020 年第 5 期,第 89 - 99 页。

③ 林磊:《在地内生性:社会组织自主性的微观生产机制——以福建省 Q 市 A 社工组织为例》,《中国行政管理》2018 年第 7 期,第 79 - 86 页。

是以何种身份参与社区治理中,仅仅是国家公共管理和服务的传递者,是培育社会资本的志愿者,还是谋求组织专业性的逐利者?社会组织的选择能力影响着组织以何种方式汲取资源,以及能够汲取到哪些资源。是以行政化方式、社会化方式还是市场化方式汲取资源?能够汲取到来自体制内还是来自体制外的资源,是相对固定的资源还是新拓展的资源?认同与选择能力共同呈现着组织的自主性状况。

(一)认同要求

认同是集体行动研究的重要概念,形成认同之后,一个组织就宣告了自己作为行动者的存在,并确认了"我是谁"以及"我怎样与你有所关联"[①]。当组织开始与其他行动者展开互动时,它对自己以何种身份参与,与其他行动者怎样关联,有一个认知上的判断和确认,这可以理解为认同要求。认同要求包括组织的团结方式、组织如何认知它的团结和独特性,组织向环境呈现组织团结的方式,以及表明该组织与其他组织不同的要素[②]。组织的认同要求塑造组织要汲取资源的属性和资源汲取方式,认同要求不同的组织会汲取不同的资源,采取不同的资源汲取方式。

社会组织参与到社区治理中,会与制度领域中代表国家、社会和市场力量的行动者进行互动,这三个领域的行动者都会以直接或者间接的方式对社会组织的认同产生影响。当然,当集体行动中有了政府的参与时,组织的认同要求很大程度上就变成了政治认同要求。"政治认同包括各种界限、超越界限的各种关系、内在于我们与内在于他们的各种关系,以及赋予特定的界限与关系的累积意义"[③]。我国的社区空间中,国家力量对社会组织参与的影响最为深刻,但同时也应该注意到,社会力量比如社区居民、服务对象、志愿者,市场力量比如捐赠企业等对社会组织的认同亦产生重要的影响。

与集体行动研究中普遍出现的公共利益游说群体、参与性压力群体、职业性抗议组织、参与性抗议组织的认同要求不同,我国的公共服务型社会组织倡导倾向弱。在这样的情况下,我们把组织自我利益强化作为组织认同的一端,

---

① [美]查尔斯·蒂利、西德尼·塔罗:《抗争政治》,李义中译,南京:译林出版社,2010年第235页。

② Seidl, David. *Organizational Identity and Self-Transformation*. Aldershot: Ashgate Publishing Limited, 2005, p.67 - 74.

③ [美]查尔斯·蒂利、西德尼·塔罗:《抗争政治》,李义中译,南京:译林出版社,2010年第98页。

把推动社会进步作为另一端,把社会组织的认同要求划分为"为更好的生存而竞争""为更好的功能而存续""为更好的公益而志愿",三种类型的组织认同在推动社会进步方面存在差异。

(二)选择能力

"选择能力"的解释和应用可以追溯到森对"公平"问题的解释,他提出资源的公平分配只有在行动者拥有选择自身想要资源的自由相伴随的情况下才有效①。实际上,行动者在资源汲取中,由于选择能力不同,最终资源的分配往往是不均的。无论是个体,还是组织或者群体,他的福祉并不仅仅由他是否拥有物品或商品决定,还受到他是否拥有将这些物品转化为实际功能(functioning)的能力决定,也就是他"所能做出选择的范围决定"②。在行动者的共同努力下,公正的社会能够创造一个相对公开的政治过程,保证行动者有充分的选择,以建构更加公正和平等的社会秩序。当一个社会创造了获得选择能力的有效条件时,这个社会是公平的。森发展出来的"选择能力"概念,一方面关注行动者,另一方面认识到消除不平等以创造有利于资源公平分配的社会安排的基础性作用③。

社会组织参与社区治理路径的形成,受到其在制度规约下发展出来的选择能力的建构,具体在实践中,是社会组织与社区治理空间中其他行动者围绕资源展开协商、竞争、妥协等的结果。一般来说,资源选择能力强的社会组织,其自主性相对更强。有些社会组织擅长于汲取不同领域的资源、政府不同层级的资源,因而其选择能力有较好的韧性;有些社会组织局限于汲取相对固定的资源,因而其选择能力表现为较强的脆弱性。

(三)概念操作化的适用性

将"制度与生活"范式中的"自主性"概念操作化为认同要求和选择能力,用来分析我国社会组织参与社区治理的路径,具备理论上和现实上的适用性。首先,"制度与生活"范式关注制度与生活主体中行动者的日常互动和策略,以及通过这个过程所建构出来的行动空间,"自主性"就是对这个行动策略和行动空

---

① Sen, A. K. *Rationality as Freedom*. Cambridge, MA: Harvard University Press, 2000.

② Sen, A. K. *Development as Freedom*. New York: Anchor Book, 1999, p.45.

③ Sen, A. K. *Development as Freedom*. New York: Anchor Book, 1999, p.xii.

间的提炼。认同要求和选择能力是一个行动者能够出场的前提条件,也是呈现其作为一个行动者的重要表征。从行动者的角度看,形式组织的规章对个体的制约并不是严丝合缝的,"这种可协商的余地一般是指那些不可替代的稀有资源"①。也就是说,行动者的自主性、资源与行动路径有内在的关联机制。其次,认同要求和选择能力的思想来源于集体行动(社会运动)研究,社会组织是社会成员结社的一种集体行动或者说是一种组织化的结社行动,亦是一种组织行动,因此,这两个概念适合于社会组织参与社区治理路径的分析。

　　一些学者正在进行着将社会运动研究和组织研究相融合的努力,一些实证研究已经将这两个领域的概念进行结合,对社会运动和组织现象进行了有力的分析。比如社会运动中的"赋权"和跨国社会运动组织,可以帮助解释社会运动部门中相对新的组织形式的出现②。反过来,社会运动学者所描述的政策抗争过程的动态机制,为"股东权运动"中较有组织性的公司精英与公司法的抗争行动提供了有启发性的分析框架③。我国的社会组织在实践领域,通过制度内或者制度外途径与制度领域的行动者开展了诸如保护型经纪④、耦合与脱耦的平衡⑤等行动实践,有些可能是完全与政治无关的,有些或许是与制度相一致的,有些是在寻求突破现有制度障碍等,具备了集体行动的某些特点,这就为理论工具的适用性提供了较好的条件。中国有学者在研究我国比较活跃的环境保护组织时,则直接以"环保运动"来指称中国存在的"由民间倡导参与的与利益相对方存在观念或行为冲突的一种集体行动,其目标是表达意向或促进社会变迁。"⑥已有的从行动视角开展的社会组织策略研究,都可以看做是把社会组织作为一个集体行动的形式,在制度的规制和行动的空间中,谋求着社会组织的

---

① 李友梅:《组织社会学与决策分析》,上海:上海大学出版社,2009 年,第 12 页。

② Smith, Jackie. Globalization and Transnational Social Movvement Organizations. In Eds, Davis, Bernald F., Doug McAdam, W. Richard Scott and Mayer N. Zald, *Social Movements and Organization Theory*. New York, NY: Cambridge University Press,2005, p.226 - 248.

③ Vogus, Timoby and Gerald F. Davis. Elite Mobilzation for Antitakaover Legislation,1982—1990. In Eds, Davis, Bernald F., Doug McAdam, W. Richard Scott and Mayer N. Zald. *Social Movements and Organization Theory*. New York, NY: Cambridge University Press, 2005, p.96 - 121.

④ 彭善民、陈相云:《保护型经纪:社会组织服务中心参与基层社会治理的角色实践》,《福建论坛・人文社会科学版》2019 年第 6 期,第 186 - 192 页。

⑤ 曾凡木:《耦合与脱耦的平衡:社会组织进社区的实践策略》,《中国行政管理》2017 年第 6 期,第 43 - 38 页。

⑥ 童志峰:《历程与特点:快速转型期下的中国环保运动》,《理论月刊》2009 年第 3 期,第 144 页。

赋权和赋能。

第四节　研究思路与目标

一、研究思路

本研究基于社会组织参与社区治理的经验实践,运用"制度与生活"范式,结合已有研究,将该范式的核心概念"自主性"操作化为认同要求和选择能力,进而提出本研究的分析框架,展开对社会组织参与社区治理路径的研究。

首先,本研究从总体上对社会组织参与社区治理的模式转变进行概览,梳理当前共治型模式下制度的调适方式和类型多样的社会组织。按照社会组织领域的制度机制,将参与社区治理的社会组织分为中介型社会组织、志愿型社会组织和专业型社会组织。

其次,聚焦研究个案——上海S区参与社区治理的三类社会组织,提出中介型社会组织的复合型参与路径、志愿型社会组织的嵌入型参与路径和专业型社会组织的交换型参与路径,接下来,运用"自主性"概念的认同要求和选择能力作为分析工具,分析三类社会组织实际的参与实践,发现三类社会组织的认同要求和选择能力各有差异,揭示了社会组织参与社区治理路径的差异。

再次,使用量化的指数评估,探析在路径差异的客观结构下,三类社会组织参与社区治理的共有困境。指数化评估聚焦社会组织在社区治理中的参与,从参与支持、参与成长和参与贡献三个维度,基于社会组织年检报告系统中的数据和民政科室数据,对上海市S区社会组织展开测评并进行结果解析。得出,在制度供给比较充分的状况下,社会组织通过参与社区治理所获得的组织成长,以及对社区治理和社区服务的贡献并不充分。这些共有困境,掣肘着社会组织形成更加健康的参与路径,与个案研究的发现一致。

最后,依据三类社会组织参与中共有的困境,以及各自参与路径存在的问题,提出分类治理的政策思路,以引导具有不同资源特征的社会组织共同发展,自觉建构其参与社区治理的路径差异。同时,引导现有参与路径存在困境的社会组织变革参与路径,主动适应现代社会组织体制的要求。最终,三个参与路径的社会组织,都能够顺应社区治理和国家治理的发展要求,发挥其在治理体系现代化中的积极作用。

二、研究目标

（1）梳理形态多样的社会组织，按照社会组织领域的制度机制，对社会组织做类型学划分，从经验上为社会组织发展政策研究做铺垫，为推进基层社会治理精细化提供依据。

（2）揭示社会组织参与社区治理路径差异的生成及其社会后果，探讨不同参与路径的社会组织在社区治理中遭遇的困境，呈现三类社会组织参与社区治理中存在的共同困境及其对参与路径的掣肘，从理论上论证制度与社会在基层互动的多种面向，从实践上为制定一种有效的社会组织治理政策提供学理依据。

（3）开展政策研究。分析不同参与路径的社会组织面临的独特挑战，提出分类治理的政策思路。同时，面对不同路径差异的社会组织参与社区治理的共同困境，提出破解思路，增强运用制度引导社会组织的能力。

第五节 研究方法

一、混合研究方法的采用

研究尝试采用混合研究方法，以期对社会组织参与社区治理的路径差异进行解释和验证。基于半结构式访谈和参与式观察获得的资料，为我们开展定性研究提供了丰富的资料，使我们得以一一描述不同类型社会组织的独特参与路径及其形成的复杂性。混合研究方法能够兼顾个案研究的深度和定量研究的广度。当一项研究已经采用定性数据取得了初步结果，但研究者希望对这个初步结果进行验证，那么，可以用定量数据对问题进行再研究[①]。定性研究和定量研究进行结合时，整体式结合、顺序设计是常用的结合方式之一[②]。整体式结合即在一个研究中，将定量研究部分和定性研究部分彼此分开进行，但又服

---

① 杨立华、李凯林：《公共管理混合研究方法的基本路径》，《甘肃行政学院学报》2019 年第 6 期，第 36 - 46 页。

② 陈向明：《质的研究方法与社会科学研究》，北京：教育科学出版社，2000 年，第 477 - 479 页。

务和结合于一个整体设计中。整体式结合的顺序设计的典型做法是先使用一种方法,然后再使用另外一种方法。对于定性方法为主的研究,普遍的做法是采用案例阐释在先、数据辅助验证在后[①]。

近年来,混合研究方法得到了越来越多的应用,比如官员问责的政治逻辑分析[②]、差序政府信任的分析[③]等。出于对研究问题和数据特征的考量,本研究选择混合研究结合方式中的整体式结合、顺序设计的方式。运用理论分析框架,先进行个案研究,剖析三种类型的社会组织参与社区治理的不同路径,以及每一种参与路径的特征。然后基于定量数据,建构与定性分析相呼应的定量分析框架,对个案所在的 S 区社会组织参与社区治理的整体状况开展指数化评估,对个案分析阐释出的路径特征进行检验,更加全面和整体地对问题进行分析。

二、定性和定量数据的采集

本研究选取上海市 S 区来采集一手数据资料。首先,研究者把同一个区的社会组织视为处于相同的制度环境中,分析相同制度环境中社会组织类型的不同及其参与社区治理路径的差异,能够很好地呈现社会力量发育的多面向。其次,S 区社会组织参与社区治理具有一定的典型性。上海市社区治理和社会组织的实践探索处于全国前列,其模式和做法具有典型性。与上海市发展最为成熟的区相比,S 区的社会组织分化正在形成过程之中,尚未形成固定的路径,这对于我们观察社会组织参与路径的差异比较有利。同时,S 区在推动社会组织参与社区治理的过程中形成了一定的优势和特色,比如该区在全市最早成立社会组织服务中心,为培育发展社会组织提供了比较好的平台;该区针对社区工作者和具体领域服务提供者的培训较丰富,社会工作者持证率较高,为社会组织开展社区服务储备了较丰富的专业人才。围绕 S 区社会组织参与社区治理的实践,我们进行了定性资料和定量数据的收集。

---

① 藏雷振:《政治社会学中的混合研究方法》,《国外社会科学》2016 年第 4 期,第 138－145 页。

② 许玉镇、刘滨:《权责结构与领导批示:官员问责的政治逻辑分析——基于 2005 年依赖我国安全生产事故官员问责的混合研究》,《吉林大学社会科学学报》2020 年第 2 期,第 145－158 页。

③ 陈丽君、朱蕾蕊:《差序政府信任影响因素及其内涵维度——基于构思导向和扎根理论编码的混合研究》,《公共行政评论》2018 年第 5 期,第 52－69 页。

（一）定性资料的收集

定性资料是基于半结构式访谈和参与式观察获得的。在研究正式开展前，课题组已经对上海市民政局社会组织服务处、S区民政局办公室、社会组织登记科、社团科、基层政权和社区建设科、S区典型的社会组织开展了一些关于社会组织发展的有针对性的访谈。研究确定之后，课题组与S区民政局工作人员、S区社会组织服务中心、相关街镇和居委会进行了深入的对接，开始参与到典型社会组织的日常运作和项目运作中。资料收集的详细内容如下。

首先，熟悉三个典型社会组织的成立过程，了解组织负责人、组织专职工作人员、组织核心志愿者、组织理事和顾问的个人情况。

其次，掌握三个典型社会组织所做的项目，包括那些自组织成立以来一直在做的优势领域项目和近期新获得的新领域项目。

最后，从社会组织相关管理单位和项目实施的街镇、居委会、社区居民获取社会组织开展行动的评价。

（二）定量数据的采集

定量数据从市民政局社会组织服务处、S区民政局和S区社会组织服务中心采集而来，从数据采集情况看，所涉及的定量数据可以分为三类。

一是业务口数据，相关业务部门在工作中自行统计的数据，如万人社会组织数量、财政购买社会组织服务总支出等。

二是统计数据，这类数据可以直接从统计年鉴查询，如辖区户籍人口、60岁以上老年人数量等。

三是在线采集数据，如注册志愿者占户籍人口比重、社会组织公益活动场次等，这类数据可以直接从"上海志愿者网""社会组织年检公示系统"等管理平台在线采集。

第二章

制度的调适与生活的回应：社会组织形成不同类型

社会组织作为一支社会力量登上我国社会治理的舞台，是从 20 世纪 90 年代开始的。社会组织可以看作是社会成员为完成某一项集体行动的组织形式，社会组织的参与行动，总是应社会成员的生活需求而生，同时受到制度的规制和影响，呈现了制度的调适与生活的回应。

第一节　改革开放以来社会组织参与社区治理的模式变迁

一、社会组织参与社区治理的模式

本研究依据行动目标、行动方式和行动结果，尝试对改革开放以来社会组织参与社区治理的模式变迁做一个经验归纳，即改革开放伊始至 2006 年的展演型参与模式，2006 年至 2012 年的协作型参与模式，再到十八大以来的共治型参与模式。

（一）改革开放伊始至 2006 年的展演型参与模式

展演型参与的目标主要是呈现社会组织对社区服务所能发挥的积极作用，参与的方式是动员优势群体的资源缓解紧迫的社会问题，参与的结果是弥补政府职能的缺位，唤醒公众参与社会服务的意识。

1. 参与目标：呈现社会组织对社会服务所能发挥的积极作用

改革开放前，我国的传统体制被描述成"总体性体制""总体性社会"，是一个集政治、经济、社会、文化为一体的社会，是集政府、市场和社会三者功能于一身的体制[①]。市场化改革中资本和权力得到膨胀,二者的结合一度导致"过度市场化",即市场社会的出现。市场社会要求"在社会领域或社会发展领域不断建立和完善各种能够合理配置社会资源和社会机会的社会结构和社会机制[②]"并要求形成各种能够良性调节社会关系的社会组织和社会力量。

然而,市场社会本身的强势逻辑更容易吞噬社会生活,造成一些社会问题的频发,比如贫富差距和环境污染。较早的官办民间组织与世界银行和国际基金会合作,在我国的偏远地区社区针对妇女、儿童等弱势群体开展了一些有影响力的项目。一些拥有较好资源的社会成员自觉成立社会(民间)组织,尤其是环境保护领域的草根社会组织数量快速增长,在环保意识的倡导和环保行为的养成方面发挥了重要的作用,参与的重要案例包括"藏羚羊专项保护行动"和"滇金丝猴拯救行动"。

2. 参与方式:动员优势群体的资源缓解紧迫的社会问题

从总体上来看,这一时期社会组织的发起者和核心志愿者主要由退休官员、学者、律师、记者组成,这些社会成员的社会经济地位大都处于中上水平,他们或者经过新闻传播和记者素养方面的职业训练,或者具备科学或者法律方面的专业知识背景,或者占据其他公共组织或企业的重要位置,其所拥有的资源比一般社会成员要优质。具体表现在组织的专业技能、服务能力、社会关系网络以及该组织可汲取的来自政府、市场和民间的资金、知识和宣传等方面的支持主要由草根环保型公益组织的会长(创始人)、理事会成员和核心会员来动员、链接和汇集。这些核心人物拥有优质的资源,很多人本身就是社会的精英。他们能够斡旋于组织外部环境与组织内部运作之间,一方面准确把握公共政策,运用其中有利于组织资源汲取的文本表达,规避由于政策限制给组织带来的风险,并指导组织在实践中进行正确的行动策略选择,另一方面能够与组织成员进行有效的沟通,唤起成员对组织行动的支持。一般而言,草根环保型公益组织的领导者可以分为三类:兼具政治资本和文化威望的领导者;集较强专

---

① 清华大学社会学系社会发展研究课题组:《走向社会重建之路》,《民主与科学》2010 年第 6 期,第 39－44 页。

② 周文、赵方:《改革的逻辑:从市场体制到市场社会》,《教学与研究》2013 年第 5 期,第 5－13 页。

业知识和广泛国际联系于一身的领导者;拥有某种优势资本的领导者①。

3.参与结果:弥补政府职能缺位与唤醒公众参与社会服务意识

社会组织动员优势群体的资源有效地缓解了紧迫的社会问题,不仅使组织提高了知名度,还增加了其获得国内外资助和更广泛支持者的可能性。

社会组织通过展演型参与呈现了中国社会组织与政府之间的良好关系,帮助中国政府在国际社会中树立积极的形象。比如在绿色申奥运动中,环境NGO与政府积极合作,2000年12月11日,北京2008年奥申委代表团前往瑞士洛桑作申办城市的陈述,有1 100个民间团体的代表联名给奥委会写信表达他们对北京申奥的支持;而作为民间申办奥运会的大使,"地球村"的负责人廖晓义随团同往国际奥委会总部,这是非政府组织的领导人第一次与政府官员一同出现在国际场合②。这些活动向外界传达了这样一个信息:政府在与NGO进行积极的合作,从而使政府的行为加入了公民参与的色彩。

(二)2006年至2012年的协作型参与模式

协作型参与的目标主要是形成社会组织在社会建设中的主体定位,参与的方式是以公益孵化机制激发社会组织在社会服务中的活力,参与的结果是社会组织服务能力增强、职责明确。

1.参与目标:推动形成社会组织在社会建设中的主体定位

2006年10月,中共十六届六中全会通过了《关于构建社会主义和谐社会若干重大问题的决定》,提出"健全社会组织,增强服务社会功能",并对党在社会治理方面的政策构想进行了具体论述。2007年,党的十七大提出"发挥社会组织在扩大群众参与、反映群众诉求方面的积极作用,增强社会自治功能"。此后党和政府的历次重大会议中对社会组织的认识深度和认同程度逐年增强。2011年3月,十一届全国人大四次会议通过的《中华人民共和国国民经济和社会发展第十二个五年规划纲要》首次专设一章阐述加强社会组织建设,从促进社会组织发展和加强社会组织监管两个方面,对"十二五"期间我国社会组织建设做出目标规划。当年12月,民政部、国家发展改革委制定《民政事业发展第

---

① Guobin Yang. Environmental NGOs and Institutional Dynamics in China. *The China Quarterly*, 2005, p.181:46-66.

② 赵秀梅:《对北京绿色申奥中政府与民间组织关系的考察》,《郑州大学学报(哲学社会科学版)》2003年第3期,第60-64页。

十二个五年规划》,进一步明确"十二五"期间我国社会组织建设的具体目标。2009年11月,上海召开全市社会建设大会,首次提出"尊重社会组织的主体地位"。社会组织是社会协同的重要主体之一,成为政界、学界和广大社会组织的共识。

2. 参与方式:以公益孵化机制激发社会组织活力

在这一阶段,党和政府对社会组织发挥的公益服务作用更加重视,相继出台了一系列扶持社会组织发展的政策,使得社会组织参与社会治理的方式以公益孵化机制为主。北京、上海等城市的社会组织在这一参与方式的推动下,获得了参与的平台和机会。

2008年,北京市出台《关于加快推进社会组织改革与发展的意见》,首次提出构建"枢纽型"社会组织工作体系的社会组织发展思路。总体而言,"枢纽型"社会组织拥有完备的组织形式,具备较强的社会动员能力,相对丰富的社会治理经验,以及与政府有良好的合作基础,是经济和社会建设的主力军[①]。上海以浦东为基地,引入了"公益组织孵化器"概念,展开社会组织"孵化培育"试点,同时各区探索"枢纽型社会组织"统合辖区各类社会组织的管理模式,与北京市不同,上海市是以枢纽型社会组织服务中心作为探索的起点,通过以街区试点的形式,逐步推广枢式管理模式。

3. 参与结果:社会组织服务能力增强、职责明确

社会组织参与社会服务的规模扩大。政府采购法颁布实施后的10年之中,我国政府采购规模由2002年的1 009亿元增加到2011年的1.13万亿元,10年间增长了10倍。2011年和2012年,我国政府采购规模分别达到11 332亿元和13 977.7亿元,政府采购规模分别占到当年全国财政支出的11%和11.1%,占当年GDP的2.4%和2.7%[②]。在2012年,在三大采购对象中,货物类、工程类和服务类分别实现4 390.3亿元、8 373.5亿元和1 214亿元的采购

---

①　徐双敏、张景平:《枢纽型社会组织参与政府购买服务的逻辑与路径——以共青团组织为例》,《中国行政管理》2014年第9期,第41—44页。

②　《中国政府采购十年来范围规模不断扩大》,新华网：http://news.xinhuanet.com/fortune/2012-06/29/c_112322905.htm;《财政部:1.1万亿采购规模仅占GDP的2.4%》,人民网：http://finance.people.com.cn/n/2012/0710/c70846-18479917.html。

额。其中,服务类采购增速迅猛,同比增长 36.6％,占采购总规模的比重迅速增加①。

社会组织在社会治理中的职责进一步明确。地方政府、社会组织相继出台了一些规范化文件,明确社会治理中政府、社会组织等各方的职责。比如,首都慈善公益组织联合会制定了《慈善公益组织管理流程指引》等,进一步统一和规范了社会组织的工作制度,明确了在相关领域开展社会组织工作的目标和具体措施,促进了社会组织工作规范化开展。2007 年,浦东新区政府出台《关于着力转变政府职能建立新型政社合作关系的指导意见》,同年出台《浦东新区关于政府购买公共服务的实施意见(试行)》,浦东新区成为上海第一个发布政府购买服务政策的区县。2011 年,静安区政府发布《关于政府购买社会组织公共服务的实施意见(试行)》,闵行区政府发布《关于规范政府购买社会组织公共服务的实施意见》(2011)。不断细化的政策规定,为社会组织的参与提供了可以遵循的框架。

(三)十八大以来的共治型参与模式

共治型参与的目标主要是社会组织参与纳入国家治理体系,参与方式中,承接政府购买服务项目越来越普遍,参与的结果是社会组织成为社区治理和公共服务的重要主体。

1. 参与目标:社会组织参与纳入国家治理体系

2012 年 9 月,党的十八大首次提出了"加快形成政社分开、权责明确、依法自治的现代社会组织体制",强调要深入推进政社分开、发挥基层各类组织协同作用、鼓励引导社会力量兴办教育、支持发展慈善事业、鼓励社会办医、加强民间团体的对外交流、加大社会组织党建工作力度、引导社会组织健康有序发展。2013 年 11 月十八届三中全会作出《中共中央关于全面深化改革若干重大问题的决定》(以下简称《决定》),《决定》提出"全面深化改革的总目标是完善和发展中国特色社会主义制度,推进国家治理体系和治理能力现代化",并提出要创新社会治理体制,改进社会治理方式,激发社会组织活力,并要求"正确处理政府和社会关系,加快实施政社分开,推进社会组织明确权责、依法自治、发挥作用。

---

① 《全国政府采购规模达 13977.7 亿元》,财政部网站：http://www.mof.gov.cn/zhengwuxinxi/caijingshidian/zgcjb/201307/t20130724_968574.html.

适合由社会组织提供的公共服务和解决的事项,交由社会组织承担"。

党的十九大报告先后 5 次在协商民主、社区治理体系、环境治理、基层党建、党员发展等部分涉及社会组织等治理主体,这表明了党对充分激发社会活力、探索现代社会多元治理新格局这一战略问题的充分重视。"共建共治共享社会治理格局"中,就包含着社会组织这一重要主体的参与。

2. 参与方式:承接政府购买服务越来越普遍

2013 年 9 月,国务院办公厅发布《关于政府向社会力量购买服务的指导意见》,明确要求在公共服务领域更多利用社会力量,加大政府购买服务力度,并对社会力量作了规定,"承接政府购买服务的主体包括依法在民政部门登记成立或经国务院批准免予登记的社会组织,以及依法在工商管理或行业主管部门登记成立的企业、机构等社会力量"。2014 年 12 月,财政部、民政部、国家工商总局发布《政府购买服务管理办法(暂行)》(财综〔2014〕96 号),该办法规定属于事务性管理服务的,应当引入竞争机制,通过政府购买服务方式提供①。2015 年 1 月,国务院发布《中华人民共和国政府采购法实施条例》(中华人民共和国国务院令第 658 号),明确规定了 2002 年出台的政府采购法中第二条所称的服务,既包括政府自身需要的服务,也指政府向社会公众提供的公共服务。

为了规范政府购买公共服务,促进社会组织发展,各地政府都相继出台了一系列深化政社合作,规范政府购买公共服务流程的文件。2013 年,广东省民政厅出台了《关于进一步规范民政服务领域政府购买和资助社会工作服务的通知》。2015 年 7 月,上海市民政局、社团局联合有关部门出台了关于社会组织的"121"系列政策文件,即:《关于加快培育发展本市社区社会组织的若干意见(试行)》《关于加强本市社会组织服务中心建设的指导意见(试行)》《上海社区基金会建设指引(试行)》和《建立上海市承接政府购买服务社会组织推荐目录(试行)》。这些政策的出台,标志着深度政社合作时代的到来。在政府购买社会组织提供的公共服务的实践过程中,形成了多种多样的购买模式。以广东省为例,除了自上而下的购买之外,还有自下而上的公益创投项目,各地形成了不同特色的购买服务模式,如以综合项目为主兼顾单项项目的模式(广州)、购买

---

① 徐家良:《政府购买社会组织公共服务制度化建设若干问题研究》,《国家行政学院学报》2016 年第 1 期,第 68 - 72 页。

岗位与社区服务中心并行的模式（深圳）、单项项目模式（珠海）、先购买岗位后拓展至综合项目的模式（东莞）、以单项项目为主的模式（佛山）①。

3. 参与结果：社会组织成为共治的重要主体

社区社会组织涌现。随着北京、深圳、上海等地"四类"社会组织的直接登记，从实践上改变了长久以来的社会组织"双重管理"体制，推动了在社区层面开展服务的社会组织的发展。党的十九大之后，《民政部关于大力培育发展社区社会组织的意见》（民发〔2017〕191 号）中，要求社区社会组织充分发挥在提供社区服务、扩大居民参与、培育社区文化和促进社区和谐中的作用。

向社会组织购买公共服务的资金不断增加。以广州市的家庭综合服务及专项社工项目为例，政府购买服务投入的资金逐年递增，从 2008 年的 522 万元增加到 2014 年的 3.37 亿元，累计 11.07 亿元②。云南省 2015 年省级政府向社会组织购买服务的项目资金共计 12 183.55 万元，较 2014 年增长 328%③。

政府通过购买公共服务，将政府的服务功能与管理功能进一步分离，为社会组织提供了共治空间。2016 年 12 月 19 日，经国务院同意，国家发展改革委、民政部等 10 部委联合印发了《行业协会商会综合监管办法（试行）》（发改经体〔2016〕2657 号）。该《办法》第一次在国家层面建立健全新型综合监管的制度，标志着社会组织由原来行政化准入为主的管理方式，转变为政府部门强化事中事后监管和行业协会商会内部自治自律相结合的新型综合监管模式。《办法》不仅适用于脱钩和直接登记的行业协会商会，也可适用于脱钩和直接登记的公益慈善类、科技类、城乡社区服务类社会组织。

二、社会组织参与社区治理模式变迁的内在动力

理解我国社会组织参与社区治理路径的演进轨迹，需要对其中的两重动力进行充分的关注与分析：第一，党和政府对社会组织和社区治理的认知；第二，

---

① 徐盈艳、黄晓星：《促成与约制：制度嵌入性视角下的社会组织发展——基于广东五市政府购买社会工作服务的实践》，《新视野》2015 年第 1 期，第 74－78 页。

② 雷杰、罗观翠、段鹏飞、蔡天：广州市政府购买家庭综合服务分析研究》，北京：社会科学文献出版社，2015 年。

③ 徐家良、许源：《合法性理论下政府购买社会组织服务的绩效评估研究》，《经济社会体制比较》2015 年第 6 期，第 187－195 页。

特定时期面临的关键问题。

（一）党和政府对社会组织的认知与参与模式的演进

从我国社会组织参与社会治理的路径演变过程可以发现，在中国特定的社会制度环境下，社会组织参与社会治理路径演进的每个阶段都包含着党和政府对于社会组织、社会治理、社会秩序等一系列问题的认知、思考，这些认知思考又进一步影响了党和政府对社会组织所采取的政策，进而影响了社会组织参与社会治理的路径。

首先，支持和控制的双重认知与展演型参与路径。

1987 年，党的十三大明确提出"实行党政分离"，并要求充分发挥基层群众性自治组织的作用。然而，由于一些政治事件的影响，党和政府意识到，需要对社会组织加强整顿和规范[1]。之后一段时期，社会组织管理领域不仅形成了严格的双重登记管理制度，还通过严格的分级管理和对跨区活动的限制，从空间上抑制了社会组织的规模扩张和联合的可能性[2]。学者认为，这一时期国家对社会团体的监管框架体现了国家对社会组织发展结果的不确定性、风险防范的较强意识，因此维持国家对社团空间的有效控制是有关行政法规出台的主要目的[3]。

与此同时，国际交流给我国社会组织的参与带来了契机。1993 年联合国提出具有指导意义的《可持续发展教育十年纲领》（2005—2014），对现今世界各国继续推进环境教育有深远的影响。1995 年在北京召开的第四届世界妇女大会通过了《北京宣言》和《行动纲领》，在妇女与贫困、教育、就业等 12 个领域向世界各国提出了具体的指标和要求。在这样的国际环境之下，国际社会组织来到中国开展慈善、环保和扶贫服务，为我国本土社会组织参与社会服务提供了专业知识、运作模式等方面的帮助。考虑到国际交流和国际形象，党和政府对那些提供社会服务尤其是提供教育、反贫困和环境保护服务的社会组织有较高

① Shawn Shieh, and Guosheng Deng. An Emerging Cvil Society: the Impact of the 2008 Sichuan Earthquake on Grass-roots Associations in China. *The China Journal*, No. 65, January, 2011, p.181 - 194.

② 李友梅、梁波：《中国社会组织政策：历史变迁、制度逻辑及创新方向》，《社会政策研究》2017 年第 1 期，第 61 - 71 页。

③ 顾昕、王旭：《从国家主义到法团主义——中国市场转型过程中国家与专业团体关系的演变》，《社会学研究》2005 年第 2 期，第 155 - 175 页。

的认同。

其次,积极和包容的认知与协作型参与模式。

这一时期,党和政府对社会组织参与社会治理的认知较之上一阶段显得重视,开始积极地把社会组织参与社会治理作为一个重要议题进行讨论,体现了党和政府治理理念的转型和治理工具的完善,能够积极包容地对待社会组织参与给社会治理和国家治理带来的创新和完善。

2006年10月,中共十六届六中全会通过了《关于构建社会主义和谐社会若干重大问题的决定》,作出了"健全社会组织,增强服务社会功能"的决定,并具体论述了党的政策构想,再次强调了"坚持培育发展和管理监督并重,完善培育扶持和依法管理社会组织的政策,发挥各类社会组织提供服务、反映诉求、规范行为的作用"。2007年,党的十七大报告《高举中国特色社会主义伟大旗帜为夺取全面建设小康社会新胜利而奋斗》中开始用"社会组织"替代传统的"民间组织"的提法,并提出"发挥发挥社会组织在扩大群众参与、反映群众诉求方面的积极作用,增强社会自治功能",同时"要完善社会管理,维护社会安定团结,建立健全党委领导、政府负责、社会协同、公众参与的社会管理格局"。此后,党和政府的历次重大会议中对社会组织的认识深度和和认同程度逐年增强。

最后,甄别性重点发展的认知与共治型参与模式。

甄别性重点发展的认知有两层含义,一是鼓励社会组织发挥预期的积极功能,二是防止社会组织发挥非预期的反功能。因此,相应的政策支持既包括鼓励重点领域的参与,又包括对参与过程的监督和参与结果的评估。

鼓励社区服务、行业协会等重点领域的参与。2012年9月召开的中共十八大,首次提出了"加快形成政社分开、权责明确、依法自治的现代社会组织体制",强调要深入推进政社分开,发挥基层各类组织协同作用,鼓励引导社会力量兴办教育,支持发展慈善事业,加强民间团体的对外交流,加大社会组织党建工作力度,引导社会组织健康有序发展等。党的十八届三中全会提出"创新社会治理",并要求"激发社会组织活力,正确处理政府和社会关系,加快实施政社分开,推进社会组织明确权责、依法自治、发挥作用。适合由社会组织提供的公共服务和解决的事项,交由社会组织承担"。

党和政府在鼓励重点领域参与的同时,也逐步建立了精细的监管制度,确保社会组织活动、发展的规范化。比如深圳市构建的社会组织领域的行政司法监管、社会公众监督、社会组织自律、社会组织党组织保障"四位一体"的综合监管体系,以及通过加强信息化建设,发挥社会对社会组织的监督功能。

(二)社会问题的出现与参与模式的演进

同我国改革开放"摸着石头过河"的总体路径形成呼应,我国社会组织参与社会治理的进程具有中国的"民情"特色,与社会的整体变迁和民生问题的不时突显紧密相连。这个路径的演进过程体现了对不同时期面临的重大问题的回应,受到"问题意识"的强烈形塑。

首先,经济发展与社会关怀的暂时不相容。

改革开放带来了经济的飞速发展,也引发了大量的社会矛盾和社会问题,突出表现为利益结构失衡,如贫富两极分化、城乡差距以及区域分化等。"泛市场化"的政策思路在社会保障与福利领域的推广,造成相当数量的民众无法享受改革成果而成为利益相对受损的群体[1]。同时,由于过度追求经济发展而导致的环境问题也成为一项急需解决的重大问题。然而,在当时,迫于国家形势,政府的绝大部分注意力都放在了经济发展上,不得不先集中精力解决温饱问题。于是,一些受过良好教育、收入水平较高、社会关怀较多的社会群体,开始自发地组织起来,参与到贫困、环境污染等社会问题的解决中,为社会组织参与社会服务拉开了帷幕。

其次,社会多样化与治理单一化的不协调。

进入 21 世纪以后,经济全球化的浪潮席卷全球,互联网新媒体技术方兴未艾。外部环境的变化推动了中国社会生活领域的巨大转型,导致社会治理领域的情况更为复杂,问题也不断增加,比如社会结构的分化使人们对社会公共服务的需求日趋多样化;而市场化改革和城乡管理壁垒拆除在给社会带来巨大流动性的同时也导致人们生活方式、价值观念、利益诉求的差异化和多样化。在这样的背景下,我国社会治理领域的核心问题就转变成为如何构建新型社会治理体系,以满足民众多样化的需求。而面对一个处于不断变化中的社会生活,

---

[1] 李友梅:《中国社会管理新格局下遭遇的问题———一种基于中观机制分析的视角》,《学术月刊》2012年第 7 期,第 13-20 页。

传统的社会管理体制已无法有效应对社会治理领域的各类问题[①]。即便政府会在传统社会管理体制内引入诸如项目化与技术化的治理手段,政府一元主导的社会管理成本也已经居高不下。党和政府需要从社会力量中寻找协作者,而社会组织由于其在提供社会服务中具备的天然优势,就成为一个很好的选择。

最后,治理现代化诸要素的不同步。

党的十八大提出国家治理体系和治理能力现代化,这其中不仅包括经济层面、政治层面、文化层面、生态层面,还包括社会层面。许多社会学者已经敏锐地发现,社会治理思想和水平与国家治理的其他层面存在诸多不同步的地方,会掣肘国家治理的现代化,寻求平衡发展、充分发展已然成为党和政府面临的重要问题。也就是说,当中国发展到当前阶段,社会问题不再以单向的、单线的形式出现,而是以交互的、多维的方式挑战着现代社会的治理能力,需要各个治理主体共同治理。

党的十九大报告中审时度势提出了新时代我国社会主要矛盾的变化,在全社会引起共鸣。面对人民日益增长的美好生活需要和不平衡不充分的发展之间的矛盾,社会组织参与社会治理不仅要在已有的养老服务、残障人服务、儿童福利服务、社会救助服务、医疗救助、防灾减灾服务、慈善捐助等众多方面继续作为,还要拓展领域(比如社会心态方面),提高绩效;不仅要做好组织服务,还要在国家治理现代化的统领下,实现服务机制的优化;不仅要实现社会组织的健康持续发展,还要推动形成"共建共治共享"的社会治理格局。

第二节　共治型参与模式下制度的调适

出于政绩偏好和风险规避,政策资源更多地配置在了公共服务型社会组织领域。公共服务型社会组织的功能属性,决定了其与政府公共服务职能存在合作的空间。因此,近年来制度的调适主要聚焦于那些直接提供公共服务的社会组织,其带来了国家对公共服务型社会组织的较高认同。

---

① 李友梅、肖瑛、黄晓春:《当代中国社会建设的公共性困境及其超越》,《中国社会科学》2012年第4期,第125-139页。

一、国家对公共服务型社会组织的认同较高

为了更好地促进社会组织参与社区治理,形成社区共治的治理结构,近年来,国家层面出台多项社会组织发展相关政策(表2-1),围绕社会组织内部治理规范化、社会组织外部生长环境优化等,对社会组织尤其是公共服务型社会组织的培育发展进行了充分的制度调适。

表2-1 国家层面2014—2020年社会组织发展相关重要政策

序号	年份	政策名称	发布单位
1	2010	《社会组织登记档案管理办法》(民发〔2010〕101号)	民政部
2	2011	《社会组织评估管理办法》(中华人民共和国民政部令第39号)	民政部
3	2012	《中央财政支持社会组织参与社会服务项目资金使用管理办法》(财社〔2012〕138号)	财政部 民政部
4	2012	《关于政府购买社会工作服务的指导意见》(民发〔2012〕196号)	民政部
5	2012	《2013年中央财政支持社会组织参与社会服务项目实施方案》(民发〔2012〕219号)	民政部
6	2013	《2014年中央财政支持社会组织参与社会服务项目实施方案》(民函〔2013〕340号)	民政部
7	2014	《关于促进助残社会组织发展的指导意见》(残联发〔2014〕66号)	中国残疾人联合会 民政部
8	2014	《关于支持和规范社会组织承接政府购买服务的通知》(财综〔2014〕87号)	财政部、民政部
9	2014	《政府购买服务管理办法(暂行)》(财综〔2014〕96号)	财政部、民政部、工商总局
10	2014	《2015年中央财政支持社会组织参与社会服务项目实施方案》(民函〔2014〕320号)	民政部

（续表）

序号	年份	政策名称	发布单位
11	2015	《关于做好政府向社会力量购买公共文化服务工作意见的通知》（国办发〔2015〕37 号）	国务院
12	2015	《关于加强社会组织党的建设工作的意见（试行）》（中办发〔2015〕51 号）	中共中央办公厅
13	2015	《关于进一步加强基金会专项基金管理工作的通知》（民发〔2015〕241 号）	民政部
14	2016	《中华人民共和国慈善法》（主席令第四十三号）	全国人民代表大会
15	2016	《关于改革社会组织管理制度促进社会组织健康有序发展的意见》（2016 年第 25 号）	中共中央办公厅、国务院
16	2016	《关于通过政府购买服务支持社会组织培育发展的指导意见》（财综〔2016〕54 号）	财政部、民政部
17	2017	《关于推进社会组织统一社会信用代码制度建设和信息共建共享有关事项的通知》（民办函〔2017〕324 号）	民政部
18	2018	《关于推进政府购买服务第三方绩效评价工作的指导意见》（财综〔2018〕42 号）	财政部
19	2018	《民政部直管社会组织重大事项报告管理暂行办法》（民发〔2018〕85 号）	民政部
20	2018	《"互联网＋社会组织（社会工作、志愿服务）"行动方案（2018—2020 年）》（民发〔2018〕115 号）	民政部
21	2018	《民政部关于进一步加强和改进社会服务机构登记管理工作的实施意见》（民发［2018］129 号）	民政部
22	2020	《培育发展社区社会组织专项行动方案（2021—2023 年）》（民办发〔2020〕36 号）	民政部

许多学者在研究中发现，在中国社会组织总体制度环境严格的情况下，公共服务型社会组织的制度环境展现出一种较为宽松的特征。无论是在一些学

者提出的"分类控制与行政吸纳社会"①的管理模式中，还是在一些学者所主张的"限制"模式②中，研究者都发现，制度总会对公共服务型社会组织进行一种在识别基础上的有意区分，因而表现出"差异"和"柔性"的面向。

　　培育社会组织和创新社会组织管理体制是长久以来关乎社会组织发展的两个重要议题，在第一个议题中，近年来中央大力推动"政府购买公共服务"，在转变政府职能的政策预期下，发展出了培育社会组织的一个重要机制。1978至2003年间，社会组织在公共服务中只是补充性力量，而2003年以来，社会组织成长为公共服务的合作力量③，这在一定程度上体现出中央政府对公共服务型社会组织态度的转变和认同的提高。随着政府向社会组织购买公共服务的领域和规模扩大，许多公共服务型社会组织的主要经费来源于政府。特别是自2013年国务院发布《国务院办公厅关于政府向社会力量购买服务的指导意见》以来，中央财政投入了大量资金来向公共服务型社会组织购买服务。比如，自2010年开始，中央财政支持社会组织参与社会服务项目后的五年间，共投入10亿元，用来购买社会组织的社会救助服务、社会福利服务、社区服务、专业社工服务等④。在第二个议题中，目前也已经有了突破。2013年民政部提出包括公益慈善类和城乡社区服务类在内的四类社会组织可以依法直接向民政部门申请登记，不再经由业务主管单位审查和管理。对于公共服务型社会组织来说，该政策使其摆脱了"双重管理体制"的诸多束缚，组织生存发展的制度环境明显改善。一大批公共服务型社会组织的出现和规模的扩大，使政府的职能转移有了一定的组织基础，公共服务也随之获得了量的积累。数据显示，截至2017年底，全国社会服务事业费支出5 932.7亿元，比上年增长9.1%，占国家财政支出比重为3.4%。中央财政向各地转移支付社会服务事业费2 492.3亿元，比上年增长0.3%⑤。

---

① 康晓光、韩恒：《分类控制：当前中国大陆国家与社会关系研究》，《社会学研究》2005年第6期，第73-89页。

② 王名、孙伟林：《社会组织管理体制：内在逻辑与发展趋势》，《中国行政管理》2011年第7期，第16-19页。

③ 张文礼：《合作共强：公共服务领域政府与社会组织关系的中国经验》，《中国行政管理》2013年第6期，第7-11页。

④ 据中华人民共和国民政部官方网站2010—2015年发布数据测算。

⑤ 数据整理自：民政部《2017年社会服务发展统计公报》。

二、培育发展公共服务型社会组织的局部政策创新活跃

地方政府在中央发出的政策信号下,结合本地情况,积极开展社会组织领域的政策创新。在具体实践中面对类型多样的社会组织时,地方政府总会有特定的目标设置和选择偏好,而公共服务型社会组织与地方政府的社会建设、社区治理等更为显在的治理任务契合度最高,再加上这类社会组织的制度环境更为宽松,因此创新的空间也更大,风险更低。在治理资源有限的情况下,培育发展此类社会组织对于地方政府来说是一种更为经济的做法,因此在公共服务型社会组织领域的政策创新就应运而生。以6届"中国地方政府创新奖"入围项目为例,其中和国家与社会协同治理相关的92个项目中,20个项目是关于政府与公共服务型社会组织的互动实践方面的创新,比如河北省石家庄市"少年儿童保护教育中心"项目、浙江宁波市政府购买居家养老服务项目、北京市大兴区参与式社区治理与社会服务项目化管理项目、上海市普陀区社区民间组织管理体制改革项目、深圳市社会工作的民间化专业化项目[①]。

在围绕社会治理所展开的"锦标赛"中,地方政府都希望能够有所作为,为地方治理绩效加分。这样,政策创新就具备了较稳定的动力机制。比如在社会组织政策创新活跃度高的深圳和上海,政府向社会组织购买公共服务的资金投入占比更大、政策细分程度更高。政策推动了一大批公共服务型社会组织涌现出来,成为地方政府开展社会治理的合作伙伴,也成为政府职能转型、社会力量参与的强有力证据,标志着城市政治民主和社会文明的进步。更重要的是,政策创新所带来的积极后果反过来又会促进相关部门的积极性,由此可能在某种程度上形成了地方政府政策创新的生成机制。上海近年来进行了推动社会组织发展的诸多政策创新,体现了对社会组织规范化发展和作用发挥的重视(表2-2)。

---

① 何增科:《国家和社会的协同治理——以地方政府创新为视角》,《经济社会体制比较》2013年第5期,第109-116页。

表 2 - 2 上海市 2014—2020 年间社会组织发展部分相关重要政策

序号	年份	政策名称	发布单位
1	2014	《关于进一步创新社会治理加强基层建设的意见》(沪委发〔2014〕14 号)	中共上海市委办公厅 上海市人民政府办公厅
2	2014	《关于组织引导社会力量参与社区治理的实施意见》(沪委办发〔2014〕45 号)	中共上海市委办公厅 上海市人民政府办公厅
3	2014	《上海市社区工作者管理办法(试行)》(沪委办发〔2014〕47 号)	中共上海市委办公厅 上海市人民政府办公厅
4	2015	《关于加强本市社会组织服务中心建设的指导意见》(沪民社非〔2015〕1 号)	上海市民政局 上海市社会团体管理局
5	2015	《建立上海市承接政府购买服务社会组织推荐目录(试行)》(沪民社服〔2015〕1 号)	上海市民政局 上海市社会团体管理局
6	2015	《关于加快培育发展本市社区社会组织的若干意见(试行)》(沪民社登〔2015〕2 号)	上海市民政局 上海市社会团体管理局等
7	2015	《关于加强社区工作者专业化队伍培训的指导意见(试行)》(沪民基发〔2015〕8 号)	上海市民政局 中共上海市委组织部
8	2015	《关于建设专业化社区工作者队伍的实施意见》(沪委办发〔2015〕22 号)	中共上海市委办公厅 上海市人民政府办公厅
9	2015	《上海市人民政府关于进一步建立健全本市政府购买服务制度的实施意见》(沪府发〔2015〕21 号)	上海市政府办公厅
10	2016	《上海市社会组织信息公开办法(试行)》(沪民社综〔2016〕5 号)	上海市民政局 上海市社会团体管理局
11	2016	《上海市政府购买社会组织服务项目绩效评价管理办法(试行)》(沪财绩〔2016〕18 号)	上海市财政局 上海市民政局
12	2016	《关于推进居民区联席会议制度规范化建议的指导意见》(沪民基发〔2016〕21 号)	上海市民政局 中共上海市委组织部等
13	2016	《关于开展本市"社区发展三年行动计划"的指导意见》(沪民基发〔2016〕27 号)	上海市民政局

（续表）

序号	年份	政策名称	发布单位
14	2016	《上海市民政局关于进一步完善社区公益服务招投标（创投）管理工作的通知》（沪民计发〔2016〕57号）	上海市民政局
15	2016	《关于进一步支持和规范本市社会组织承接政府购买服务工作的通知》（沪财预〔2016〕108号）	上海市财政局 上海市民政局 上海市社会团体管理局
16	2018	《关于开展社会工作服务机构参与社区治理试点项目的通知》（沪民社工发〔2018〕8号）	上海市民政局
17	2019	《关于发挥本市社区治理和社会组织作用助推生活垃圾分类工作的指导意见》（沪民办发〔2019〕11号）	上海市民政局 上海市绿化和市容管理局
18	2019	《上海市民政局关于加强和落实公益基地创建工作的通知》（沪民社工发〔2019〕5号）	上海市民政局
19	2019	《上海市民政局关于促进和规范特殊儿童服务类社会组织发展的意见》（沪民儿福发〔2019〕7号）	上海市民政局
20	2019	《上海市民政局关于做好沪滇社会工作服务机构"牵手计划"实施工作的通知》（沪民社工发〔2019〕6号）	上海市民政局
21	2020	《上海市民政局关于在社区基金会开展设立"暖心"专项基金试点的通知》（沪民社基发〔2020〕2号）	上海市民政局
22	2020	《上海市民政局关于建立全市统一的社会组织评估专家库的通知》（沪民社服发〔2020〕1号）	上海市民政局
23	2020	《上海市民政局关于开展2020年度上海市承接政府购买服务社会组织推荐工作的通知》（沪民社服发〔2020〕3号）	上海市民政局

（续表）

序号	年份	政策名称	发布单位
24	2020	《上海市民政局关于鼓励社会组织吸纳大学生就业的通知》（沪民社服发〔2020〕4 号）	上海市民政局
25	2020	《上海市民政局关于进一步规范社区志愿服务团队建设的意见（试行）》（沪民规〔2020〕10 号）	上海市民政局
26	2020	《上海市政府购买社会组织服务供需对接平台管理和使用办法（试行）》（沪社建联办〔2020〕2 号）	上海市民政局
27	2020	《关于推进本市社会组织参与社区治理的指导意见》（沪民规〔2020〕18 号）	上海市民政局

地方政府的局部政策创新带来了当地社会组织理想的发展局面。上海社会组织的数据显示,公共服务型社会组织占六成左右,远远高于全国 40% 的比例,这一结果受益于上海市民政局推进直接登记"一步到位"并探索"负面清单"的管理政策①。

第三节 共治型参与模式下社会组织类型的多样化

党的十六届四中全会"构建社会主义和谐社会"的战略目标提出以来,随着"社会建设"的持续深入,社会组织作为社会治理主体之一的角色不断强化,特别是党的十八届三中全会明确提出要"激发社会组织活力","适合由社会组织提供的公共服务和解决的事项,交由社会组织承担",寓意了社会组织在国家治理现代化格局中的重要位置。理论上,学者们对社会组织参与社会治理的图景进行了多重描绘,如在政社关系层面,强调转变政府职能、加强社会协同;在参与过程层面,强调社会组织自身的主体性、独立性和自主性等。

从一定意义上说,学界和实务工作者把社会组织参与社区治理放在我国政

---

① 《解放日报》,2014 年 6 月 4 日。

治、经济、文化和社会发展的宏观脉络中,力图找准当前状况所处的历史阶段,进而理性地对现状给出客观的分析,并指出进一步发展的方向和需要注意的问题。基于中国特定国情和治理体制,实践领域中的社会组织参与社会治理更多地展现出如下特征:①"参与"而非"主导"。在当前乃至今后长期时间里,政府仍然是社会治理的核心,这决定了在社会治理的格局中政府与社会组织之间并非平等的合作关系,而是领导、主导与协同、配合的关系。②社会组织"参与"深深嵌入于社会治理水平提升和公共服务提供模式优化的政治和社会发展目标中。只简单追求组织自身维持和发展,将容易迷失在"专业化"中、忽略中国对社会组织的当前期待,社会组织通过"参与"而获得的能力滋养也会大打折扣。③社会组织本身作为"社会"的一部分,既是社会治理的主体之一,也是社会治理的对象。一方面,社会组织是不同人群的利益倡导者和服务提供者,体现着社会主体的活力,另一方面,社会组织在相应的制度框架中开展服务,是有序社会的一部分。也就是说,社会组织的有序参与既是推动社区治理提升的动力,也是良好社会治理的体现。

从上海市的实践中可以看出,社会组织参与社区治理的资源愈来愈丰富,呈现出活跃的参与态势、多样的参与方式。社会组织的不同类型及其参与社区治理的不同路径逐渐显现出来,体现了社会力量的内部分化以及社会力量生长轨迹的多样性。异彩纷呈的实践中,学者可以依据不同的标准对社会组织进行不同的分类。"制度—生活"范式下的研究,更需要考虑社会组织领域的制度实践对社会组织类型的塑造、社会组织对制度实践的回应。因此,本研究依据制度领域可追寻的机制,呈现不同机制下生长出的不同类型的社会组织,以期更贴切地考察制度与生活的双向互动。在政府的纵向动员机制中,中介型社会组织获得了生长空间,在横向连接机制中,志愿型、专业型社会组织出场。

一、纵向动员机制与中介型社会组织的出场

诸多研究发现,科层体制是我国国家治理的组织基础。该体制的特征是,资源高度集中于政府,于是当政府想要达成一个目标的时候,就很容易形成"运动式治理"的景象:暂时停止体制中各就各位、按部就班的常规运作过程,意在替代或者突破原有的科层体制及其常规机制,代以自上而下、政治动员的方式来调动资源、集中各方力量和注意力来完成某一特定任务。这些运动式治理的行为常常由自上而下的指令启动，甚至来自上级领导的主观意志，但它们的出现不是任意的，而是建立在特有的、稳定的组织基础和象征性资源之上。

在整体的运动型治理①体系下，动员社会组织参与社区治理的机制中也不免带有这样的特征，形成了纵向动员的机制，政府利用行政方式来设置计划、组织动员。创新社会治理的话语导向下，政府想方设法动员相关部门，培育一些特定服务领域的社会组织。然而，社会组织虽然取得了明显的发展，但是总体而言，社会组织的自身能力有限，社会环境还不理想，因此，大部分的社会组织是在政府的推动下，才具备了参与社区治理的条件。一些社会组织在发展了较长一段时间以后，仍然需要政府的强力支撑才能够持续参与。近年来运作较好的"睦邻中心""邻里中心"等社区自治的良好实践，虽然在后来的发展中增强了自身的资源汲取能力，但其发端于党委和政府的推动，形成于行政力量的资源配置，自我维持的能力仍然较弱。

与此同时，我们也看到，在纵向动员机制下，一种类别的社会组织获得产生的空间——中介型社会组织。这种类别的社会组织形成于党和政府对自身治理需要与生活需求的权衡之后做出的审慎选择，它既承载政府对生活需求进行管理的功能期待，也回应生活领域对制度的需求。"中介"的定位连接着制度领域和生活领域，承担着制度的管理规制功能和生活的服务功能，中介型社会组织能够获得业务主管单位比较稳定的资源供给，同时，也在努力尝试汲取一些社会资源来完善具体的社区服务，更好地发挥组织在社区治理中的功能，对现有的参与路径做出思考。

二、横向连接机制与志愿型、专业型社会组织的出场

经过多年的发展，我国社会组织的能力有所增强，政府引导和培育社会组织的经验变得丰富，渐渐地，已经形成了社会组织参与社会治理的一些空间，社会组织也从政府搭建的平台中发展出了网状的资源链，能够与其他共治主体比如企业、居委会、志愿团队等进行横向的合作，形成越来越明显的横向连接机

---

① 周雪光：《运动型治理机制：中国国家治理的制度逻辑再思考》，《开放时代》2012 年第 9 期，第 105 - 125 页。

制。横向连接机制不仅仅是对纵向动员机制的补充,其实质是对社会自我维持能力的培育,有助于社会组织获得持续的发展能力和资源,进而生长出社会组织的自主性。上海各个区、街镇积极推进的社会组织服务中心的建设就是一个横向连接机制的典型呈现。社会组织服务中心是党和政府联系社会组织的桥梁和纽带,是服务社会组织参与社会治理的重要载体,在街镇社会治理中,作为联结政府、社会组织、企业、社区公众资源支持型平台,是区、街镇具有枢纽功能的社会组织,对于政府履职事务性工作的职能转变、善治社区和资源整合,培育社会组织,社会治理创新路径与载体的设计,以及社会组织规范化建设等方面发挥着积极的作用。从治理机制上看,社会组织服务中心是区、街镇块区的资源网络结点,各类社会组织都可以从该节点中获得直接资源,并借助该节点拓展自身的资源网络。尤其是自下而上发起成立的社会组织,能够从社会组织服务中心那里获得组织发展初期所需的重要资源。

在横向连接机制的推动下,一批自下而上发起的志愿型、专业型社会组织纷纷形成。这些组织中,有些是原来已经存在、后来明确发展方向的,有些是受到资源和空间的鼓励新成立的。"制度—生活"研究范式对中国社会生活实践的呈现和解读中,草根组织被视为生长中的社会"新细胞"①。在中国社会自主性萌发与回归的历程中,草根力量的活跃表征了社会底层和民间力量主体性意识的萌发②,这对制度安排的改革和社会生活的变迁带来了深远的影响。草根社会组织是中国社会空间的重要组成部分和组织化行动的载体,经历了从精英动员到联盟动员,再到底层动员的资源汲取模式变迁③,这种自下而上发起成立的草根社会组织意识到社区和受益群体在组织发展中的重要性,并期待通过汲取"底层"资源和与政府建立良性关系,获得组织的发展和一定的自主性。

志愿型社会组织是一定范围内的社区居民基于共同议题,志愿组织起来,推动社会公益的一种集体行动形式。这一类别的组织由志愿者对公益理念的

---

① 李友梅等:《改革开放 30 年:中国社会生活的变迁》,北京:中国大百科全书出版社,2008 年,第 3 - 5,318 - 320 页。

② 李友梅等:《社会的生产:1978 年以来的中国社会变迁》,上海:上海人民出版社,2008 年,第 111 - 145 页。

③ 孙莉莉:《草根志愿组织资源汲取模式变迁的微观机制》,《宁夏社会科学》2012 年第 5 期,第 69 - 73 页。

认同而得以凝聚起来，在组织运作中，志愿者的人力资本及其资源网络是组织参与社区治理的稳定资源，即使是承接了政府购买的服务项目，组织也是想方设法保护志愿精神，实现志愿逻辑与行政逻辑的并行不悖且能进行沟通，建构志愿型社会组织参与社区治理的独特路径。

专业型社会组织的发起者并不是普通的志愿者，而是受过较好教育或者具备丰富实践经验的社会成员，基于自身对社区治理和社区服务某一领域的熟悉和判断，认为组织可以凭借专业能力参与到社区治理中，获得一定的服务项目"份额"。对于专业型社会组织来说，有项目可做才能维系组织生存，竞争到更多的项目才能推动组织发展。在"跑项目"和做项目的过程中，专业型社会组织建构和确认了组织的认同和选择能力，与项目市场中的关键行动者展开了有来有往的互动，形成了比较容易辨析的参与路径。

第三章

复合型参与路径：中介型社会组织参与社区治理的路径

本研究以上海市 S 区家政服务协会作为中介型社会组织的典型个案，呈现其参与社区治理的路径。上海市 S 区家政服务协会经业务主管单位上海市 S 区妇女联合会（以下简称妇联）批准（2020 年，其业务主管单位变更为上海市经信委、商委）、上海市 S 区民政局登记，成立于 2013 年 3 月，是 S 区首个致力于家政服务市场规范与提升工作的非营利性质的社会团体组织。上海市 S 区家政服务协会先后荣获了"S 区十大优秀公益社会组织""上海市先进社会组织""上海市巾帼文明岗""上海市志愿服务先进集体""S 区三八红旗集体"称号。2015 年协会通过了 5A 级社会组织的评审，成为 2015 年度 S 区唯一一个 5A 级社团组织，是全市家庭服务领域社会组织规范化建设的典型代表。

第一节　复合型参与路径及其形成的结构条件

一、复合型参与路径的特征

"复合"指组织在自己的核心认同与核心资源汲取之外，还并存着其他的功能与运作逻辑。复合型参与路径指的是社会组织在参与社区治理中，承担了多种功能，因此组织的运作也遵循着多种逻辑。本研究中，上海市 S 区家政服务协会在社区治理中形成了复合型参与路径，表现在该组织承担着双重功能，即妇联赋予的组织功能，以及组织自身的社会服务功能。

（一）双重功能：群团组织的社会化功能和社会组织的服务功能

1. 群团组织的社会化功能

群团组织的发展具有久远的历史，中国共产党自诞生以来所进行的一些革命活动与这类组织有着紧密的关系，它是党和政府机关联系群众、教育群众、团结群众的"杠杆""纽带"和"桥梁"①。群团组织能够将群众所发现的问题以及提出的意见建议及时反馈给党和政府，促进政府机关廉政建设。有学者认为群团组织与党政联系得越来越紧密。工会、共青团、妇联等组织在一定意义上属于党政机关的附属机关，其政治功能在于传达、宣传党和政府的方针、政策和指示，联系、组织、动员民众②。有学者将群团组织看作是群众的利益代表，胡献忠指出党赋予群团组织的基本职能是代表和维护所联系群众的合法利益，尤其是工会、共青团、妇联等群团组织，其核心职能就在于维权，若离开了其代表和维护利益的联系群体，就会失去群团组织所存在的政治价值和社会价值③。

新时期，群团组织如何更好地联系群众，发挥其在社会治理中的功能，得到了国家的高度重视。随着《中共中央关于加强和改进党的群团工作的意见》的颁布实施，工会、共青团、妇女联合会等与公众连接紧密且群众基础好的群团组织的改革，成为政策制定部门和学术界共同的研究热点。妇联的改革实践走在前列，上海市妇联的改革经过系统的顶层设计，组织结构和运作方式发生了明显的变化。宋秀岩在中央党组会议上指出，妇女联合会改革要紧紧抓牢强"三性"、去"四化"的改革方向，更加努力地推动思想观念的更新和工作方法的转变，推进基层妇联组织改革，重塑妇联形象，有机融合实体与线上妇联载体，不断提高服务群众的能力和水平④。一批研究成果涌现出来，对妇联组织参与社会治理的角色定位、功能和作用发挥进行了探讨⑤。妇联在创新社会治理中具有不可替代的作用，妇联发挥联系和服务广大妇女的作用，代表和维护广大妇女权益，支持妇女群众依法有序地参与国家和社会生活，同时充分发挥好妇女群众的积极性、参与性和创造性。另外，妇联发挥枢纽型组织的作用，培育更多的服务专业化、工作高效化、组织网络化的社会服务组织，完善服务体系，与政

---

① 杨光斌：《政治学导论》，北京：中国人民大学出版社，2011年，第167页。

② 孙关宏、胡雨春：《政治学》，上海：复旦大学出版社，2004年，第134页。

③ 胡献忠：《改革开放以来群团组织研究述评》，《中共云南省委党校学报》2015年第5期，第144-150页。

④ 《宋秀岩在云南开展妇联改革调研督导时强调　改革要让基层妇联组织强起来》，《中国妇运》2017年第8期，第18页。

⑤ 吴亚慧：《妇联组织参与社会治理问题研究述评》，《探求》2018年第4期，第72-77页。

府、市场形成一种治理结构和治理效果上的呼应①。

　　上海市 S 区家政服务协会的原业务主管单位是上海市 S 区妇女联合会,在上海市群团改革中,上海市妇女联合会的政治功能和社会功能都得到了增强,而女性社会组织的培育和功能发挥是其中一个重要的环节。S 区家政服务协会在思想、政治和行动上与党中央保持一致,自觉维护党中央权威,坚决贯彻党的意志和主张,承担起引导群众听党话、跟党走的政治任务,用实际行动积极响应党政工作。

　　积极响应政策,发挥群团组织的延伸作用。2015—2017 年,根据全国妇联和所属市妇联的改革意见,特别是全国妇联的改革方案的颁布实施,S 区妇联为进一步深化群团改革工作,大力扶持社会组织的发展,结合实际,有的放矢,推出符合家庭、妇女的项目。S 区家政服务协会在区妇联关心和支持下,积极开展项目运作,稳步推进项目实施,自觉接受监督检查。

　　服务群众,发挥群众性功能。家政协会的主要服务对象为社区家庭,包括老年人、小孩、女性等。2020 年,S 区家政服务协会严格按照上海市《关于加强家政服务行业疫情防控工作的通知》要求,进行复工复产。疫情期间,协会利用微信公众号第一时间向会员单位和家政员宣传疫情防控知识,对在 S 区家政员及节后返沪家政员提出了疫情防控具体要求。许多家政员纷纷加入防控工作,深入社区,提供暖心服务,如协会会员单位爱枫助老服务中心的家政员柳女士报名参加了防疫志愿者队伍,为隔离家庭和人员提供送饭、充煤气卡、量体温、买药、买口罩等服务,帮助社区每日上门登记外来人员信息。日常工作中,家政协会切实增强群团组织的群众性,其开展的工作和活动以社区居民为中心,更多地关注、关心、关爱社区居民,经常与居民进行零距离接触,增强对居民的真挚感情。协会将更多的注意力放在困难群体身上,努力为困难群体排忧解难,成为他们信得过、靠得住的人。

　　解决女性就业,发挥社会稳定作用。S 区在城镇化的过程中,黄浦江南岸的农村地区产生了一个新的群体——拆迁农民群体。其中的四五十岁上下的村民无法继续务农,但是在劳动力市场又缺乏竞争力,其中,女性群体的生活状

---

① 彭丽敏:《关于新形势下妇联组织加快转型发展的若干思考》,《邓小平研究》2015 年第 2 期,第 147 - 153 页。

况更加堪忧。为了鼓励农村女性就业，上海市 S 区家政服务协会自 2015 年开始，每年开展为期两个月的家政服务宣传交流活动。会长和协会人员、几位优秀的家政服务人员，分别到各个镇开展交流活动，宣传家务劳动社会化的新理念，展示家政服务从业人员的风采，搭建妇女就业平台，营造尊重劳动、崇尚技能的良好氛围。为农村女性解决就业，既是对这些困难家庭需求的回应，也起到了配合政府工作，维护社会稳定，凝聚人心，推动城市融合的作用。

2. 中介型社会组织的服务功能

学术界对中介型社会组织的分类没有统一的标准。有学者认为中介社会组织涉及面广、数量庞大，根据其功能进行细分，可以分为市场性中介组织、社会公益性中介组织、行业协会类中介组织、社区服务类中介组织，以及事业单位类社会中介组织[①]。不同中介型社会组织的功能也不尽相同。比如，市场性中介组织的功能主要体现在联系政府和市场方面，这类组织在市场的准入、监督、公证、纠纷的解决中起到了协调和规范作用，能够有助于规范企业行为，维护公平竞争的市场秩序。这类组织可以通过研究和调研，收集和掌握经济信息，为政府提供信息咨询和决策参考服务，同时也为所属的企业和会员提供一些信息咨询服务[②]。行业协会类中介组织的成员是同一个行业的企业，因此它的主要功能是在政府与企业之间进行沟通与协调，一方面帮助政府规范企业行为，另一方面为企业在市场博弈中获取更好的利益[③]。社区服务类中介组织与前两种中介组织的资源不同，发挥功能的方式也有一定的差异。它需要沟通的是社会服务提供者与社会服务对象，它在服务标准设定、服务资源调配、服务项目管理和评估中起着监督和执行的功能。S 区家政服务协会是社区服务类的中介型社会组织，该组织在承接着党和政府部门对某些群体和某些服务的管理职能时，也通过具体的服务回应着家政服务公司和社区服务对象的需求，具有和其他社会组织同样功能的一面。S 区家政服务协会的服务主要集中在托育服务、女性服务、老人服务和"品牌项目"中的服务。

---

① 李道霞：《论多元治理结构下的社会中介组织：兼与香港社会中介组织的比较》，武汉：武汉科技大学，2006 年。
② 胡仙芝：《论社会中介组织在公共管理中的职能和作用》，《中国行政管理》2004 年第 10 期，第 84 - 89 页。
③ 甫玉龙、黄凤兰：《行业协会的法律定位及社会功能》，《中国行政管理》2005 年第 5 期，第 27 - 29 页。

托育服务：托育"四员"专项技能培训。该项目是 S 区家政服务协会承办，区妇联和教育局托幼办组织，与腾门培训学校合作开展 S 区托育服务从业人员专项技能培训班。按照市政府的总体要求，S 区积极推进托育服务工作。培训班涉及托育服务从业人员的各种类型，希望培训人员做好孩子人生的导师，为孩子将来健康成长打下良好基础。课程设置和内容选择上突出针对性和实用性。如：保育员实训项目，提升了托育人员服务技能水平；理论课程内容以职业素质为核心，有托育服务从业人员职业道德培训、心理疏导培训、家园沟通协作与礼仪礼节等。

女性服务："茸城好姐妹"——女性关爱品牌。以来 S 区妇女需求为导向，细化联系服务对象，以贴近实际、贴近生活为原则，引领广大妇女在参与教育培训中提高思想修养，在奉献友爱中增进幸福感，在共享发展中推动社会文明程度提高，为建设和谐幸福 S 区提供精神动力和人文支持。

老人服务：进行养老护理培训、"突出贡献"困难老人关爱服务项目。S 区家政服务综合分析当前的社会形势，梳理本区的资源后，认为在社会老龄化趋势愈发明显的状况下，专业的养老护理人员面临较大人才空缺，因此养老护理是一个就业前景好、职业发展空间大的新兴职业。在组织承接的养老护理培训项目中，参加培训的人员呈年轻化趋势，通过养老护理培训，鼓励有意愿、有能力从事养老护理的姐妹，转变就业观念，使培训与就业接轨，做到学有所用、学有所成、学以致用。在困难老人关爱方面，协会精准对接困难老人需求，特别是根据心理特点、服务偏好、特殊情形等提供重点服务，提升服务水平。协会培训和配备的家政员不仅为老年服务对象做家庭清洁，还会帮助年老体弱、上下楼不方便的老人购买其所需物品，帮助老人化解各种思想和生活中的困难。

S 区妇联的"品牌项目"。自 2016 年 5 月启动至今，该项目实施已有多年。2020 年为进一步丰富企业女性的精神文化生活，特别是关爱企业新女性的身心健康，S 区家政服务协会整合社会资源，分"文明修身""婚姻家庭""生活技能"三个版块，共开展了 20 场主题活动，受益人数 800 人次，提升企业新女性的获得感、幸福感、安全感。

（二）双重运作逻辑叠加：行政化运作逻辑和社会化运作逻辑

习近平总书记在中央党的群团工作会议上强调，加强和改进新形势下党的群团工作,切实保持和增强党的群团工作和群团组织的政治性、先进性、群众性。作为群团组织之一,"妇联组织加快自身转型发展是实现国家治理体系和治理能力现代化的内在要求,也是创新社会治理的客观要求。加快妇联组织转型发展,在工作定位上从行政化的机关向社会化的群众自治转变"①。

S区家政服务协会的行政化运作逻辑来自其业务主管单位——妇联的行政化运作逻辑。妇联组织作为党领导的重要群团组织,很大程度上跟随和配合党政部门特别是地方党政部门工作方向和工作重点,即其改革有赖于国家的制度安排②。妇联组织在工作方式和工作作风上,会明显习惯和依赖科层制度,采取机关化的工作方式,比如,文件推动、行政化的层级传导,上级到下级开会,看重上级党政部门的评价等,都是其行政化运作方式的体现。群团改革以后,妇联组织的工作方式向社会化群众工作方式转变,更多地走入基层、实行扁平化组织架构,表现在:妇联组织突出工作重点,强化妇联组织职能;推动妇联组织广覆盖,健全妇联组织网络;创新方式方法,建立联系和服务妇女群众平台等③。妇联组织一方面依靠行政方式部署工作,一方面发展横向网络协作能力,更有效地联系和服务广大妇女群众,激发和吸引体制外的资源共同参与社区治理。

1. S区家政服务协会的行政化运作逻辑

上海市S区家政服务协会的业务主管单位是S区妇联,妇联具有行政化运作的特征。协会作为妇联的社会组织之一,资源主要来源于妇联,其日常运作就不可避免地受到妇联的影响。同时,组织的功能发挥虽然要考虑服务对象的满意度,但也要同时获得妇联的认可。S区家政服务协会的行政化运作逻辑可以从资源汲取和工作方式这两个方面进行分析。

资源汲取方面。S区家政服务协会的资源大部分来自S区妇联。比如,协会承接的政府购买服务项目基本都来自区妇联的招标或者定向委托,诸如家计关爱合作项目、遗体捐献老年志愿者关爱服务项目以及"突出贡献"困难老人关

---

① 彭丽敏:《关于新形势下妇联组织加快转型发展的若干思考》,《邓小平研究》2015年第2期,第147-153页。

② 毛丹、陈佳俊:《制度、行动者与行动选择——L市妇联改革观察》,《社会学研究》2017年第5期,第114-139页。

③ 马兰霞:《"三性""三力"开创新形势下妇联工作新局面》,《中国妇运》2015年第9期,第6-7页。

爱服务项目。协会的运作资金因此也就依赖于这些项目,与其他社会组织独立性、社会性的筹款方式相差较大。

工作方式方面。通过整理 S 区家政服务协会的案例资料,发现协会的实际治理结构受到妇联组织结构的形塑,组织负责人非常频繁地去政府部门开会、向政府汇报。同时,在组织的运行中,S 区家政服务协会的工作目标和项目内容来源于 S 区妇联的指导,组织自身在协会发展和项目形成中的参与度较低。在具体的项目运作中,协会依靠妇联条线的工作人员进行通知和协调,在服务对象和基层组织的眼中,协会与党政机关的工作方式高度重叠,或者说就如同是妇联的一个工作科室。

2. S 区家政服务协会的社会化运作逻辑

S 区家政服务协会功能的发挥,是以 S 区家政服务机构的存在为重要依托。家政服务机构发展到今天,进入了一个瓶颈期,机构的转型升级是当前需要深度思考的问题。很多家政机构还是依赖于政府部门,对市场变化不敏感,主动学习研究的意识不足。作为这些家政服务机构的管理者和服务者,S 区家政服务协会也有转型升级的压力。协会成立至今已有 8 年,从组织架构、服务内容、工作方式等方面逐渐开始朝着社会化的方向运作。

组织架构方面。上海市 S 区家政服务协会组织架构具有扁平化的特征。家政服务协会会长为法定代表人,协会最高权力机构是会员大会,理事会是会员大会的执行机构,在会员大会闭会期间领导本协会开展日常工作,对会员大会负责。理事会受监事会监督,由协会秘书处统筹管理,下设项目部、办公室及财务部三个部门,并分别负责项目执行、行政、财务等方面的工作。S 区家政服务协会的工作人员包括会长 1 名,副会长 3 名,监事长 1 名,秘书长 1 名,办公室专职人员 2 名。区内的家政服务机构和家政员都是协会的会员。治理架构在形式上为组织面向社会治理转型提供了条件。

服务内容方面。迎合社会需求,更新服务内容。协会非常重视家政服务员素养的提升,以满足日益变化的社会需求,同时不断更新家政服务员素养的内涵。当然,培训出一支受社区欢迎的家政服务员队伍,也是在为协会今后的功能发挥空间拓展做一些基础性的工作。家政员的培训内容已突破了传统的知识范围,更注重在新时期新的素养。比如,礼仪礼节讲座、食品安全知识讲座、家庭急救知识讲座、女性自我保护知识讲座、家庭收纳整理方法与实践讲座、"垃圾分类我先行，环保生活进社区"巡回宣传讲座等。协会还举办 S 区技能培训竞赛系列活动，目的在以赛促教、以赛促学、以赛促改，提升家政服务从业人员的基本技能和良好形象，让更多家庭能享受到更加专业细致的服务，为和谐家庭建设贡献一份力量。协会全力打造一支服务意识强、专业技能精、综合素质高的家政服务人员队伍，以增强协会的运作成效。

工作方式方面。协会利用互联网新媒体技术，搭建交流展示平台，在区妇联官方网站、协会微信中设立专门板块展示协会动态，使协会可以更方便、更有效地联系有家政需求的居民，更好地为其服务。此外，协会还与上级组织合作、与市场合作，进一步整合资源，促进 S 区家政服务业的发展。协会与市家政协会合作，共同致力于家政员注册登记工作。2015 年的家政员注册登记工作启动之初，协会在区妇联等职能部门的大力支持下，积极争取区民政局、区残联等部门的支持，提前完成了全年目标任务。家政服务协会探索与企业进行合作，协会与上海某车业有限公司联合举办了"为您送健康"活动，既动员了市场力量参与到家政服务中，拓展了组织的资源汲取，革新了工作方式，也为家政人员带来了健康关爱，增强了协会的功能发挥。

二、联结制度与生活：中介型社会组织参与社区治理

（一）制度需要中介型社会组织发挥沟通生活的功能

中国共产党的第十五次全国代表大会报告中首次正式使用"社会中介组织"一词，至此，此类组织进入学术视野。学界普遍将社会中介组织分为两类，一类是介于政府与市场之间的营利性社会中介组织；一类是承接政府部分职能，具有"准层级结构"的非营利性社会组织。具体表现为行业学会、学术团体等互益性组织和以基金会、慈善组织为代表的公益性组织。本书所指涉的中介型社会组织是一种非营利性社会组织，它是业务主管部门和服务群体之间的连接桥梁。有别于国家与社会关系中处于"部门统合主义"管理模式、对政府部门具有高度依赖性的派生型社会组织[①]，中介型社会组织具有独立法人地位，既

[①]　史普原、李晨行：《派生型组织：对中国国家与社会关系形态的组织分析》，《社会学研究》2018 年第 4 期，第 56 - 83 页。

不是政府的附属物更不是派出机构,也不同于充当政府与社会双重代理人角色、发挥保护型经纪功能①、具有一定管理和服务职能的枢纽型社会组织,中介型社会组织没有那么丰富的资源储备,也没有如此权威的组织地位。

中介型社会组织在连接制度与生活的过程中,发挥了独特的作用。狭义上,学界多从"非营利中介"视角研究中介型社会组织,关注社会关系网络的社会资本性质,通过日常互动自觉地培育社会资本,增强公共福祉,直接或间接地对公共事业发展起到助推作用②,是国家和政府实施社会管理的有力依赖和工具③。中介型社会组织常与第三部门混淆。类型学意义上讲,非营利性中介型社会组织内含于第三部门。但相较于后者,前者更加强调的是中介性。尽管目前针对中介型社会组织的系统研究较少,但我们依然能在相关组织群体研究中窥见其身影。应然角度上,中介型社会组织的出现是社会发展进程中不可缺少的构成;实然,也是群团组织适应国家制度结构变迁,进而培育社会组织和增强社会治理主体能力的必然结果。诸如以学会、行业协会、联谊会、促进会、校友会等为代表的各类社会组织,以中介身份培育社会关系网络,间接提供社会公共服务④。在公共服务合作生产层面,社会中介组织是"整合照料"组织体系中的重要主体,具有凝聚、动态适应、价值导向、持续循环功能和创新发展功能⑤。现实层面而言,中介型社会组织的培育和发展与推进国家治理现代化、群团组织改革转型具有密切的关联。

S区家政服务协会的成立,是响应了市、区社团局的号召,在区妇女联合会的支持下成立的。成立两年内即成为S区唯一一个5A级社团组织,为全市家庭服务领域社会组织规范化建设作了一个表率。该家政服务协会的成立与纯粹的草根社会组织不同,其背后源自区妇联群团组织的改革发展和民政服务的

---

① 彭善民、陈相云:《保护型经纪:社会组织服务中心参与基层社会治理的角色实践》,《福建论坛(人文社会科学版)》2019年6期,第186-192页。

② 胡炜、高英策:《非营利中介:社会资本视角下社会组织的一种公共事业参与模式》,《浙江社会科学》2020年12期,第78-87页。

③ 胡仙芝:《积极培育社会组织 构建社会矛盾调节体系——以社会中介组织为视角》,《国家行政学院学报》第2006年第6期,第42-45页。

④ 胡炜、高英策:《服务新发展格局的社会组织"非营利中介"战略》,《浙江大学学报(人文社会科学版)》2020年第5期,第62页。

⑤ 黎赵、张桂凤:《社会中介组织整合养老服务:功能、困境与优化路径——基于广西崇左市的调查》,《中共福建省委党校学报》2019第1期,第137-145页。

工作需要，其附着于纵向动员机制之上，具有较强的行政推动色彩。以妇联为代表的群团组织兼具国家和社会双重属性，国家治理现代化要求群团组织实现现代转型，由凸显行政性的政治功能转向兼顾政治功能与以服务为基础的社会功能①。基于此，S区妇联提出激发社团"她力量"，提升妇联"她能级"，以改革为契机激发妇联工作社会化。借助改革的东风，家政服务协会应运而生。一方面，家政服务协会借助区妇联的行政权威获取社会资源，实现组织自身的生存；另一方面，区妇联在此类中介型社会组织的帮助下，转移政府家政服务职能，为解决当地女性就业提供可行路径，促使社会关注女性群体。同时，妇联组织获得"有力臂膀"支撑，为其拓展社会职能，调节政府与社会关系网络、延伸政府工作触角提供了有力保障。

上海市S区家政服务协会成立至今，积极配合业务主管单位——S区妇女联合会工作，承接政府家庭服务项目职能，帮助妇女就业。作为中介型社会组织，S区家政服务协会连结政府与社会、政府与市场，调节家政服务供求结构。在家政市场活跃的需求侧，其致力于家政服务市场规范与提升，维护家政服务业市场秩序，推进家政服务业机构健康有序发展；在以妇女联合会为代表的群团组织供给侧，其参与社会公共服务供给端，利用群团组织行政资源实现服务供给的规范化、标准化。同时依托各类社会资本积累，吸纳社会和企业资源，提高组织自身专业化、品牌化。

上海市S区家政服务协会已发展成为基层社会治理中一支不可或缺的重要力量。一是能填补管理空白。社区服务方兴未艾，愿意参加社区服务的机构有很多，但这些机构的服务与社区需求之间并没有得到很好的匹配，而S区家政协会能够帮助服务机构和社区实现家政服务和需求的对接，同时为保证服务质量而进行监管和规范。二是能挖掘社会资源、链接社会资源，培育协会自治能力。协会通过挖掘社区女性志愿者的资源，动员空闲女性以及高校志愿者参与到社区治理之中，使得拥有不同资源的参与者聚集在一起，拓展了协会的服务资源，提升了协会的服务能级。此外，协会在参与社区治理的过程中也促进了自身的发展。通过深入社区，走近居民，协会在社区层面倡导了平等观念，为

---

① 解丽霞、徐伟明：《群团组织参与社会治理的客观趋势、逻辑进路与机制建构》，《理论探索》2020年第3期，第69-75页。

女性及其家庭提供了情感支持,夯实了协会的社区基础。协会作为女性社会组织,重要工作理念之一是倡导男女平等,为不同年龄的女性及儿童创造生存和发展的良好社区氛围。同时,女性社会组织的优势是情感交流,一方面通过一对一辅导、服务小组等方法,帮助受困的妇女儿童及其家庭,另一方面针对家庭成员之间的关系困扰进行辅导。

(二)生活的需求需要社会组织的回应

社会组织回应生活需求。制度与生活的互构,不仅体现在制度对生活的形塑和引导,也同时体现为生活对制度的主动适应。中介型社会组织参与社区治理充分展现了制度与生活的互动,中介型社会组织一方面需要迎合制度的要求,另一方面需要回应生活的需求。更多情况下,生活的需求形成了对发展社会组织的"倒逼"。S区成立家政服务协会的初衷是为了解决S区南部农村地区由于拆迁产生的中年女性(40—50岁之间)就业问题。一边是家政服务业市场对家政服务人员的较大需求缺口,一边是城市发展带来的大量适龄待业群体。外生拉力和内生动力双重推动下,家政服务协会的出现直接回应了社会生活需求。为了让家政协会能够承担起来自生活的需求期待,政府部门也给予了诸多支持,为协会回应生活需求营造良好的政策环境。为鼓励S地区农村女性就业,相关部门出台的鼓励政策规定:60周岁以内未享受政府养老金的农村女性,参加政府开办的公益性家政服务社、从事家政服务工作的,每人每月补贴交通费200元(最长不超过2年),家政服务人员参加各类家政服务培训的,一次性补贴交通费200元。此外,上海农商银行与市妇联联手发行"家政卡",为全市家政从业人员提供便捷金融结算服务,对家政从业人员推出了多项异地优惠服务,如异地跨行ATM取款手续费、转账手续费全免等。地方政府为支持家政服务协会工作亮起的政策"绿灯",鼓励了社会组织对生活需求的积极回应,而在组织回应生活需求的背后,也实现了政府部分服务职能的转移。

生活需求推动社会组织能力发展。面对社会生活复杂多样的需求,社会组织需要发展出相应的能力以进行有效回应。S区家政服务协会为更好迎合市场需求、承接政府家政服务项目,不断提升自身服务能力,增强了组织选择能力。选择能力的建构来源于组织顺应社会需求而进行的自我调适、自我培育和自我发展。S区家政服务协会能力的自我建构具体表现为管理规范化、职能专业化、服务品牌化。管理规范化方面,实行家政注册登记制,推进家政工作管理标准化。家政注册登记工作的根本目的是规范家政服务市场,而规范市场的首要任务是对家政员的管理,注册是一个对家政员管理最基本的途径。职能专业化方面,实行大专班专业知识学习与业务培训技能双管齐下。积极鼓励家政人员专业知识学习,借助开放大学大专班学习平台,提升家政从业人员职业素养。同时,邀请相关领域的专业人士对家政服务人员展开业务培训,包括法律知识讲座、礼仪培训讲座、交通安全讲座、家庭养老护理培训等诸多方面,全方位提升服务人员整体素质,增强市场竞争力。服务品牌化方面,协会打造了"好姐妹""好阿姨""好故事""好家庭""好孩子""好家长"等区域性系列服务品牌,建立示范性服务站点,发挥品牌影响力。

第二节　"为更好的功能而存续":中介型社会组织的认同要求

一、稳固的"二科":认同的确定

S区家政服务协会的成立是自上而下发起的,成立后,组织的核心工作围绕妇联的工作部署进行,是妇联家政服务领域具体工作的实际承担者。协会的组织身份不同于学界提出的"派生型组织",却与其有很多相似之处。派生型组织是独立法人,但在人事、财务和核心决策等方面附属于政府部门,可以从统合主义(corporatism)、单位制和项目制三种视角展开分析①。实践中,家政服务协会具有明确的"二科"身份认同,即认为自己如同党政部门的某个具体科室,是现有科室衍生出来的第二科室。此种认同体现为社会组织对政府资源的直接依赖。中介型社会组织也存在"派生",具体表现为社会组织内部成员对业务主管单位的隐性资源依赖、对行政工作方式的依赖及与政府官员的密切联系。这些因素共同作用在一起,形成的组织稳固的"二科"的组织认同。

(一)隐性的资源依赖

组织资源获得是组织赖以生存的必要条件,组织发展往往也会受限于资源

---

① 史普原、李晨行:《派生型组织:对中国国家与社会关系形态的组织分析》,《社会学研究》2018 年第 4 期,第 56 - 83 页。

的积累程度。有学者指出,社会组织与国家存在一种"双向嵌入"结构,形成"双向赋权"。党群部门在意识形态上同化和利用社会组织网络,这种借用社会组织进行政治整合的趋向,不同于传统的资源与服务递送;党群部门在治理过程中对于社会组织资源的调用,实际上提升了政党国家的社会动员和控制能力[①]。本案例中,家政服务协会的注册成立是该区妇联工作改革的一次大胆尝试,其核心工作诸如女性培训项目、家政员登记注册和示范性家政服务站督导管理项目、家政服务宣传交流活动等,都由妇联牵头开展并受其监督管理。因此,组织初期发展在社会资源获取、服务项目竞争、配套政策措施上都对群团组织具有一定的依赖性。区政府各职能部门对组织工作的支持以及二者间建立的合作关系,建构了组织一定的选择空间。这个空间的存在往往依赖于党群组织的支撑引领和政府购买服务的偏好。社会资源与自我培育的双重需要促使组织在发展过程中主动向政府部门靠拢,维系组织自我认同的"二科"地位。

(二)服务工作的行政认可

"强政府,弱社会"的国家—社会关系中,社会组织参与公共服务的需要得到多方如市场、社会、公众的认可,而最关键的是行政认可。换言之,组织需要官方权威背书换取社会信任和社会认同,"二科"身份认同正是实现的契机。诸如5A社会组织的评选、巾帼文明岗、先进社会组织、三八红旗集体等官方认证身份是组织向体制内汲取资源的途径,也是社会公众评判社会组织的重要标准。相较于草根社会组织,带有一定行政属性的社会组织在获取官方赋予的荣誉称号时拥有更大的资源汲取可能性。此外,组织开展的服务项目大多源自于政府购买的服务项目,通常需要业务主管单位的帮助和指导。如此一来,组织的工作机制会向行政靠拢,"准层级"在组织内部凸显,组织工作方式的行政色彩浓厚。

(三)公务人员的密切联系

由于对行政逻辑的熟悉和对行政工作方式的路径依赖,中介性社会组织习惯于和体制内的人员打交道。"熟人社会"的逻辑,增强了组织尤其是组织领导者和政府部门工作人员的互相信任,社会组织建立了与政府的某种"政治关

---

① 纪莺莺:《从"双向嵌入"到"双向赋权":以N市社区社会组织为例——兼论当代中国国家与社会关系的重构》,《浙江学刊》2017年第1期,第49-56页。

联"。政治关联不仅为社会组织带来发展所需的资金、场地等物质资源,更为其提供了一种政治机会,使其能与政府之间建立起一种非正式的沟通反馈渠道,使社会组织具有某种特殊主义的维系。同时,从政府角度来看,政治关联的存在突破了政府对社会组织在传统意义上的"分类控制",使得政府可借由非正式途径对社会组织的运作产生影响,进而有效地控制社会组织的发展进程①。在S区家政服务协会成立之时,协会会长由谁来担任是一个非常关键的问题。现任协会会长说道:

> 组织的业务主管单位S区妇联,包括上级也就是市妇联,在寻找合适的人来做会长这件事上花了大心思。最后找到了从政府单位刚刚退休,之前对妇联工作条线比较熟悉的张女士。张女士虽然对这个事情并不排斥,但是知道需要承担一些责任,还是有一些顾虑的。后来是一些熟悉的人去做了工作,说通了。对我们这种类型的社会组织来说,就是要会跟政府打交道,组织里有这样一个人非常重要。我们现在做的一些项目,很多是政府部门熟悉我、说交给我做他们放心。

直接业务主管单位在选择组织负责人时,优先考虑来往关系更为密切且对政府业务领域熟悉的候选人。这类人员或是国企退休人员,或是退休公务人员,同时,这些人一般都是党员。这种隐形的关联,塑造了组织内部非正式化的治理结构,强化了组织体制内资源汲取的重要性。

二、走向独立:认同的迷思

上海市S区家政服务协会具有派生型组织的特点,以规范家政服务业,提高家政服务质量,推进家政服务业健康发展有序为目标。协会名义上是独立法人,但在核心决策方面受到业务主管部门的较强干预。现任协会会长谈道:

> 《上海市家政服务条例》颁布后,业务主管单位将要发生大的变化,培训项目也不会再做。我就在想,我们协会以后将会走向哪里? 应该怎样与新的业务主管单位建立联系,妇联的项目是不是还能够比较顺利地继续合作。新的业务主管单位的优势在市场领域,可这并不是我们协会擅长的。我们协会在内部管

---

① 蔡宁、张玉婷、沈奇泰松:《政治关联如何影响社会组织有效性? ——组织自主性的中介作用和制度支持的调节作用》,《浙江大学学报(人文社会科学版)》2018年第1期,第61-72页。

理和专业能力建设方面必须要进行一些改变,这让我非常不安。我们特别希望政府相关部门给我们一些指导,让我知道协会的发展方向在哪里。

群团改革后,妇联组织的功能得到优化,妇联一直扶持的社会组织也要随着发生改变,原来建立的联系不再能够有效支撑组织的发展,"二科"的组织认同正在慢慢消解。在这样的大环境下,S区家政服务协会又需要与新的业务主管单位进行熟悉和适应。在目前的沟通中,新的业务主管单位并没有提出要给予协会特定的项目,而更多是让其寻找自我发展的路径。因此,组织在未来可能要走向比较独立的状态。那么,其在组织认同上就需要调整和再确认,以确立组织新的发展方向,找到新的功能生长点,使组织得以存续。

三、较明显的脆弱性:中介型社会组织的选择能力

(一)行政化运作的路径依赖

我国妇联组织在成立初期的角色定位是宣传和落实党和政府的政策,以及动员和组织妇女群众投身于我国的革命斗争和经济建设[1],妇联组织的资源依赖于党政机关,承担着党和政府的妇女工作职能,形成了一种行政化的路径依赖[2]。上海市S区家政服务协会是妇联这个群团组织顺应党领导社会治理的要求,增强群团组织功能的一种自上而下的设置。协会主要资源来自妇联一端,因而注重听从妇联等上级组织的指令、配合上级组织的工作,总体上会跟随着上级组织的阶段性变化而发生阶段性的变动。由于多年来妇联的工作方式主要是行政化方式,因此,作为社会组织的家政服务协会,也打上了行政化运作的烙印。近年来,受到群团组织改革的影响,妇联正在实践中探索增强自身的社会功能和社会化运作能力,家政服务协会获得了一些新机会,妇联组织将政府购买服务项目转接给家政服务协会,帮助其提高社会筹资能力。但S区家政服务协会也面临着一些挑战,比如与妇联的联系变少,自身的管理和服务能力与新兴的专业性强的社会组织相比,竞争力弱等。

家政服务协会的前任会长是当初成立时,妇联自己选择的能够信任的人。

---

[1] 马焱:《妇联组织职能定位及其功能的演变轨迹——基于对全国妇联一届至十届章程的分析》,《妇女研究论丛》2009年第5期,第38-47页。

[2] 黄粹:《妇联组织官办性的成因分析:一种路径依赖》,《大连理工大学学报(社会科学版)》2011年第2期,第75-79页。

前任会长是党员、公务员退休干部，当组织遇到比较重大的问题需要沟通时，会长会动用社会网络的资源进行解决。协会通过举办第二届会员大会第一次会议，重新选举了S区家政服务协会领导班子。现任会长是国企退休人员，与政府和各个业务相关部门之间建立起了"熟人关系"。现任协会会长表示：

再过一年，组织要换届，而我自己身体和年龄的问题，感到力不从心，准备从这两个专职人员中找到合适的会长人选，可是这两个人都表示，自己做具体的执行可以，但是要与政府密切地打交道，能力不足。我为寻找新会长这个事挺发愁的，我希望协会在以后还能有好的发展。

专职人员所讲的能力缺乏，更多的是与政府人员不熟悉，没有人脉，找不到沟通的门道。这也体现了协会目前面临的一个问题，即组织领导人的维系和更新。《上海市家政服务条例》颁布，明确家政服务协会的业务主管单位改为上海市经信委、商务委，而且能力培训类的项目不能再承接。家政服务协会以往的大部分资源都来自区妇联，对区妇联产生了一种行政依赖，包括承接妇联的工作任务，依赖妇联给予的资源生存和发展，接受妇联和其他组织的考核等。

（二）社会化运作的初步尝试

伴随群团组织改革，现有行政体系带来的体制内资源越来越少，组织社会化道路探索成为组织发展的必要条件。改变对党政资源的过分依赖，提升组织成员工作热情，增强组织服务能力是中介型社会组织进行社会化运作尝试的核心关照点。S区家政协会的社会化运作尝试具体表现为以下三个方面：

打造品牌项目，积极转型升级。承接政府家政服务项目，联合群团组织力量，推动服务品牌化。立足服务大局、服务妇女儿童和家庭，结合妇女需求调研月调研情况，精心打造适合当地社会情况的系列服务品牌，在服务中扩大品牌效应，发挥项目杠杆效应，实现项目资源效益最大化，为更多有需要的困难人群提供更为专业的家政服务。充分发挥组织公益性质，利用政府购买服务途径，提供"突出贡献"（老劳模）困难老人关爱服务、S区遗体捐献老年志愿者关爱服务、家计关爱合作行动服务等公益服务项目，以此拓展组织辐射范围，减少行政化依赖。推动家政服务社向专业化、职业化、多元化方向发展。积极发展会员单位，联合主管单位共同促进会员单位规范化、专业化建设。以会员单位为依托，实现组织自身动能的延伸，增强社会竞争力和独立性。

激发服务热情,链接市场资源。组织迈出"舒适圈",对接市场企业,吸纳社会资本进入公共服务领域是组织社会化运作的突出表现之一。一方面,积极发挥朋辈效应。通过"金牌阿姨"举办经验交流会,激发家政人员服务热情,形成组织内部良性循环,赢得社会与企业的信任。另一方面,吸纳企业参与组织管理发展,为组织发展注入新动力。协会邀请上海燕归来健康科技集团有限公司董事长做家政协会副会长,为组织发展带来了新的管理经验,使组织结构适应社会经济发展的要求。同时,联合企业举办职业技能评比、茶话会等系列活动。企业借助社会组织公共平台扩大社会影响力,社会组织借助企业市场力量拓宽资源获取途径以减少行政资源的依赖,最终实现社企两端合作共赢。

提升专业素养,增强服务能力。为完善组织专业服务水平,聘请业内专家进行组织工作的专业化指导并开展各类讲座培训活动,提升家政人员职业技能和服务水平。同时,在妇联的帮助下与 S 区开放大学建立校社合作,设立家政服务大专班,鼓励家政从业人员再学习,为家政服务人员提升自身综合素质搭建起学习平台。协会也非常注重链接周边大学的专业资源,邀请大学教师为组织发展出谋划策,招募大学生志愿者参加到项目运作中。

尽管 S 区家政协会社会化运作尝试初见成效。但总体上,动员社会和市场资源的方式和经验是不足的。此外,新问题也开始逐渐凸显。起初四五十岁的阿姨,随着年纪的增长,慢慢开始退出劳动力市场,家政市场劳动力的接续将进入无以为继的局面。另外,社区中的服务对象变少了,组织的原有功能失去了一些依托。正如一些学者所呼吁的,女性社会组织可以从树立自身参与服务的理念,优化参与服务的制度环境,扩大参与服务的规模,加强完善组织的自身建设和扩展参与服务的内涵外延这几个方面[1]考虑组织的平稳转型。从个案研究中,我们发现 S 区家政协会如果要健康发展,也需要创造以上条件。具体来说,组织需要重新梳理服务对象,把自己的服务与目前家政服务的需求结合起来,转变发展理念,逐步减少对行政资源的依赖性,从市场中的家政服务公司寻找突破口。

---

[1] 姜耀辉:《新时代女性社会组织的发展机遇、功能优势和能力提升》,《湖南行政学院学报》2020 年第 1 期,第 62 - 68 页。

第三节 复合型参与路径面临的挑战

一、传统路径依赖导致组织的自主性低

S区家政服务协会是众多社会组织的一个，也是女性社会组织的一员。女性社会组织作为社会组织的重要组成部分，是团结凝聚广大妇女的重要载体。2016年《全国妇联改革方案》指出，要"做强基层，夯实基础"，就要"加强对女性社会组织的联系引导，培育扶持专业类、公益类、服务类女性社会组织，加强政治引领、示范带动和联系服务"[①]。女性社会组织能够弥补政府失灵和市场失灵的一些问题，在社会治理中发挥着重要作用。但女性社会组织在参与社会治理的过程中也遇到了一些困境，比如女性社会组织发展存在着结构性失衡，社会影响力有限的问题；系统引导和支持不足，可持续发展堪忧的问题；行政约束和行政依赖程度相对过高的问题；缺乏有效的监管体系，规范运作能力尚待提升的问题[②]。由于服务领域的特征，S区家政服务协会既要考虑自身服务女性中存在的不足，也要考虑组织作为一个公共服务型社会组织，如何提升其在社区服务和社会治理中的能力，如何实现组织的社会化运作。

（一）组织认同的路径依赖

S区家政服务协会是党和政府部门"二科"的组织认同，使组织在身份上依附于党和政府部门，组织的自主性长期难以发育。协会的自主性主要体现在与政府的互动和与服务对象的互动中。协会与政府的互动中，组织的发展方向由业务主管部门确定，协会的服务项目由政府定向委托，因此，组织常常不用去自己考虑要做什么服务以及怎样提供服务，合作者已经都设计好，协会只要去执行完成就可以。协会在与服务对象的互动中，更多是以政府部门的行政动员方式展开服务，成为政府科层体系的一个延伸，协会执行的服务项目中，协会自己的标识是弱化的，政府的标识是强化的，服务对象对协会的知晓度和认可度较低。新时期，面对新的组织环境，S区家政服务协会应该建构出怎样的新认同，

---

① 中共中央办公厅印发《全国妇联改革方案》，《中国妇运》2016第10期，第12-14页。
② 上海市委党校四分校第22期中青班社会组织建设课题组：《上海市女性社会组织发展特征、问题及对策研究》，《学会》2016年第3期，第5-11页。

以推动组织实现转型,获得组织功能的维系,是一个比较严峻的问题。

(二)选择能力的路径依赖

多年以来,S区家政服务协会的发展得到了市、区两级妇联的大力支持,正是由于这种支持,形成了家政协会对体制内资源的高度依赖,对体制内运作方式的认同。客观地说,政府资源的长期支持,帮助协会实现了组织的生存,也得到了一定的发展,是组织成长过程中必不可少的资源支撑。但是,这种状况也为组织转型、走向相对独立埋下了困难的伏笔。一方面,协会与政府之间的融合带来了组织边界的模糊,协会自主发展的空间尚未形成;另一方面,协会长期处于行政力量的庇护之中,相比于其他在竞争比选中生存下来的社会组织,协会的专业能力相对较弱,参与服务项目竞争的能力不足。同时,协会向体制外汲取资源的观念较弱,缺少进入市场和社会的通道。因此,脱离了业务主管单位的扶持,组织对自主的资源汲取感到恐惧,力不从心。

二、已有能力无法有效支撑组织发展新的自主性

(一)自主性空间的获得

结构论和行动论都对组织自主性进行了分析,前者强调环境对组织自主性的影响,后者着重分析组织的策略行动所建构出的自主性特征。公共服务类社会组织自主性可以界定为三个维度,即"多大程度上可以自主决定发展与扩张组织"(发展与扩张自主性)、"多大程度上可以自主决定服务地域"(服务地域自主性)和"多大程度上可以自主决定服务过程"(服务过程自主性)。组织自主性受到政治资本和经济资本的影响,前者表现在组织版图扩展上,后者表现在经济规模大小及组织参与社会治理能力和议价能力上[1]。S区家政协会在与妇联的"双向互嵌"中,借助行政组织资源的吸附能力实现了对组织自身的培育以及社会资本的积累,将组织定位为联结政府与社会的"窗口、平台和桥梁",建构"二科"身份,以在制度和生活的双重空间中获得组织的自主性。

然而,外在环境比如制度的改变必然影响组织行动能力的选择以及自主性的获得。一些研究者主张国家和社会关系的转变,即"强国家—弱社会"向"强

---

① 叶士华、孙涛:《政府购买服务背景下社会组织自主性的影响机制研究——从组织资本视角分析》,《上海行政学院学报》2020年第5期,第89-99页。

国家—强社会"的发展格局转型。催化社会组织加快发展,促成社会自我治理能力的提升和国家治理体系的优化①。政府职能转型升级和服务型政府的进一步建设,对社会组织的专业能力和功能发挥提出了更高的要求。协会原有的组织认同开始消解,组织需要根据环境的变化对"二科"身份进行革新,重新确认组织的认同,然后选定组织的优势服务领域,发展相应的专业能力,获取组织的自主性空间。

(二)新自主性的重构困境

组织能力的提升需要一定的周期,新的组织认同的建立也不可能一蹴而就,需要业务主管部门的指导和引导,而业务主管部门介入的程度又难以掌控。形式化的监督流于表面,导致社会组织的活动受到干扰,组织能力提升缺乏有效机制;政府介入过度又将出现社会组织"行政化""政府代理机构"问题,缺乏发展活力。在我国渐进式的社会治理结构改革中,地方政府会出于规避风险的考虑来偏好性地选择承接政府购买服务的社会组织。组织尤其是公共服务类社会组织也会为了组织自身的发展和资源的获取来主动嵌入政府。由此,组织发展陷入两难。除此之外,在中国目前的国家社会关系中,政府仍然是社会资源分配的主导者,社会组织尚不具备自主寻求社会资源的能力或者说这种能力是微乎其微的。

如果说,S区家政协会服务组织凭借自己的中介功能,获取了来自制度与生活领域行动者的自主性,即使这种自主性很微小,但至少这个微小的自主性是相对确定的。随着《上海市家政服务条例》的出台,协会的业务主管单位发生了较大的变化,协会承接服务项目的领域被压缩;以及生活领域S区南部农村中老年女性就业问题不再存在,家政服务人员存量消失。且受社会整体职业观的影响,家政服务人员的增量也难以为继。制度和生活需求的变化,使组织的原有选择能力空间受到挤压。过去,在党和政府的扶持之下,组织只需要被动地进行规范化管理和专业技能的培训,承接政府的委托项目。从一个层面来看,组织在这一过程中实现了自我培育,通过帮助解决女性的相关问题、激发S区家政服务业的发展活力等,呈现了组织的功能。从另一个层面看,组织在过

---

① 林闽钢、战建华:《社会组织的自主性和发展路径——基于国家能力视角的考察》,《治理研究》2018年第1期,第58-64页。

去的发展中仍然处于"惰性发展""挤牙膏式发展",即社会出现了一种服务需要,组织才选择去培育一项能力,缺乏主动服务的能动性。然而,当组织所处的制度生活环境发生变化,组织不得不参与服务竞争,其已有能力将不足以支撑起新环境中组织自主性的重构。

第四章

嵌入型参与路径：志愿型社会组织参与社区治理的路径

　　本研究以上海市 S 区爱心助困志愿者协会作为志愿型社会组织的典型个案，探究志愿型社会组织参与社区治理的路径。上海市 S 区爱心助困志愿者协会于 2007 年 5 月成立，是 S 区第一个经政府部门批准，自发组织的志愿者协会，是 5A 级社会组织，主管单位是 S 区总工会。发展至今，协会已有注册会员327 人，志愿者上千名，先后获得上海市志愿服务先进集体、市优秀慈善义工集体、青年五四奖章集体等荣誉。组织通过开展助学、助残、助老、助困等项目，帮助社会弱势困难，传播和倡导"奉献、互助、进步、友爱"的人道主义精神，为城市社区建设奉献力量。S 区爱心助困志愿者协会是 S 区志愿服务起步最早，受到政府和社区居民评价最高的社会组织，对其进行个案分析，具有较好的典型性。

第一节　嵌入型参与路径及其形成的结构条件

　　"嵌入性"概念经过了较长时间的发展和演绎，在这个过程中，学界对这个概念的内涵、类型和应用领域进行了细致的分析，使得这个概念在分析社会现象中体现出了持久的解释力。嵌入概念可以细分为认知、文化、结构和政治四个类型的嵌入[①]，嵌入即意味着一种逻辑或者机制开始了对另一种逻辑或机制的干预、冲击或者改造。有学者用"嵌入自主性"来描述我国一种特定的国家与社会关系，即国家在保持自主性的同时，通过由制度化渠道和社会网络共同构

---

①　Zukin, Sharon，Di Maggio, Paul. *The Structures of Capital：The Social Organization of the Economy*. Cambridge University Press，1990.

建的中介途径而与社会群体相关联,从而"嵌入"于社会之中①。不仅如此,社会主体也会想办法嵌入国家之中。中国学者用这个概念描述了政府与社会组织的总体关系、政府治理社会组织的思路、社会组织与政府互动的策略等。

一、嵌入型参与路径的特征

我国民间社会组织总体上仍处于发展初期,政府与民间社会组织的关系主要体现在政府对这类组织的管理上。发展初期的民间社会组织相对来说资源较为稀缺,需要从外部获取资源以维持生存,而政府是一个很好的资源依靠对象。随着社会的进步,政府作为单一主体在提供公共服务时,无法满足民众的个性化需求,开始创新治理工具比如选择购买服务来转移部分职能,所以许多社会组织开始嵌入政府购买服务的制度要求,以求获得更多的合法性地位和资源支持。

志愿型社会组织在处理社会问题时具有自身优势,因其"接地气"的特点而具有敏锐的嗅觉,更能发现社会问题,感受到社会需求,因而政府也发现了此类社会组织的作用。制度的竞争性也会促使政府嵌入社会组织:在政府购买服务项目的运作中,政府会通过项目管理,反向地嵌入到社会组织的运行中②。有学者认为我国国家与社会组织是一种"双向嵌入"的模式,一方面,治理资源仍在国家体系内流动,社会组织在资源、合法性、制度支持方面嵌入于国家,另一方面,国家的意志与目标也通过资源的供给嵌入社会组织的运作中③。在这种模式中,国家与社会组织双方的力量都在一定程度上得到了增强,即国家的权威得到了强化与确认,社会组织也获得了一定限度的发展。社会组织需要的资源分散在政府的不同部门,在公共服务市场的发育并不完全的状态下,社会组织希望有多种渠道聚合资源,与多个政府部门建立联系。有学者提出"半嵌入性合作"的概念,这是国家与社会组织之间的一种新关系形态,双方在结构上相

① Evans,Peter. State-Society Synergy:Government and Social Cap-ital in Development. *International and Area Studies*,1997.

② 管兵:《竞争性与反向嵌入性:政府购买服务与社会组织发展》,《公共管理学报》2015 年第 3 期,第 83 - 92 页。

③ 纪莺莺:《从"双向嵌入"到"双向赋权":以 N 市社区社会组织为例——兼论当代中国国家与社会关系的重构》,《浙江学刊》2017 年第 1 期,第 49 - 56 页。

互依赖,在权力关系上相对平衡,能够形成非依附合作①:双方将各自的部分目标嵌入对方的运作中,互相弥补政府与社会组织在运作中的不足之处。针对政府的不同控制手段,组织也会根据自身条件选择策略性的嵌入方式。对于同一类社会组织,政府依据政策目标和风险控制,通过不同时期控制权所包含的不同要素在层级政府之间的分配,实现对它们的浮动控制,而社会组织也因具备反诉的能力和空间,会针对政府控制权分配的不同层级进行分层嵌入②。

　　本研究中,志愿型社会组织嵌入型参与路径指的是:组织凭借自身公益性、志愿性的特征来处理公共事务,参与社会治理,以公益为认同,既立足于社区志愿者及其资源,同时有效汲取来自政府和市场的资源,最终以更多的公益和志愿,培育了社区社会资本,进入了社区治理结构,推动完善社区服务。上海市 S区爱心助困志愿者协会,是一家没有官方背景、自下而上成立的民间组织,在运行和发展中,选择了嵌入型发展路径,既嵌入于社区和志愿者之中,又选择性地嵌入于政府之中,发挥着培育社会资本的功能,保持着组织的志愿逻辑,最终,得以嵌入到社区治理结构之中。

　　(一)从公益中赋能社区:志愿型社会组织的功能

　　志愿型社会组织在不同的发展阶段,其功能发挥也会有所不同。组织发展第一个阶段的主要任务是以救济为代表的福利性服务,第二阶段则更加关注小型社区发展③。对于志愿型社会组织来说,理想的宗旨实现方式是能够通过组织的志愿服务为社区赋能,而社区赋能的社会基础是丰厚的社会资本、公共精神和社区服务。

　　志愿型社会组织对社区社会资本的形成有较好的支撑作用。衡量社区发展程度时,社会资本是一个核心指标。社区的社会资本指居民间的信任、互惠、关系网络等,社区互动和交往是社区社会资本生长的主要来源。居民参与志愿型社会组织,他就进入了一个新的关系网络之中,也有了参与的平台,在长期的

①　冷向明、张津:《半嵌入性合作:社会组织发展策略的一种新诠释——以 W 市 C 社会组织为例》,《华中师范大学学报(人文社会科学版)》2019 年第 3 期,第 20 - 28 页。

②　徐盈艳、黎熙元:《浮动控制与分层嵌入——服务外包下的政社关系调整机制分析》,《社会学研究》2018 年第 2 期,第 115 - 139 页。

③　Korton D C. *Getting to the 21st Century:Voluntary Action and the Global Agenda*. Hartford:Kumarian Press,1990.

协同合作中,志愿者之间建立起了信任,能够达成集体行动。志愿型社会组织成为社区合作、公共协商等的训练场所[①],为社区治理优化了社会基础。在新的社会结构条件下,一些传统的生活支持系统无以为继,而新的制度化支持尚没有建立,居民对社区归属感、生活互助等社会资本的需求强烈,需要一种类型的组织去回应[②],而志愿型社会组织为社区社会资本的形成提供了结构性条件。

上海市 S 区爱心助困志愿者协会在践行公益的历程中,不仅为服务的社区和对象带去资源,同时在社会资本的培育上也发挥了显著的作用。协会的特色项目"暖心相伴·爱心助老"服务的对象主要是贫困、空巢、支边回沪和独居老人,协会组织志愿者定期上门探访,在元宵、端午等传统节日为老人开展形式各样的活动,为他们的老年生活添加别样的色彩。通过帮助个体建立了社会网络,促进了邻里间的社会支持,这种支持对社会资本的积累尤其重要。组织为积累社会资本、促进公民信任和社群合作都提供了良好的条件,成为聚合各界志愿力量的重要纽带。

志愿型社会组织培育了社区居民的公共精神。志愿型社会组织的核心机制是利他主义。通过参与这类组织,志愿者和捐赠者都会被鼓舞,更加愿意参与到类似的组织中,在这个良性循环的过程中,公民精神被培育出来[③]。中国的志愿服务起源于社区,也在社区中获得了蓬勃发展,志愿型社会组织是培育公民精神的重要载体,其在完成服务工作的过程中,也潜移默化地培养了居民奉献、包容、理性的优秀品质。S 区爱心助困志愿者协会通过调动志愿者的积极性,为志愿服务提供组织支撑,培养他们的社会归属感,营造志愿参与的社会氛围。各项志愿公益活动向被服务人群传递爱心,向社会传递正能量,激发更多的人加入组织中来,形成友爱的社会环境,培养社会整体的公共精神。

志愿型社会组织发挥着提供社区服务的功能。志愿型社会组织是扶贫救

---

① Melanie C. Green and Timothy C. Brock. Organizational Membership Versus Informal Interaction: Contributions to Skills and Perceptions that Build Social Capital. *Political Physchology*, 2005, p.1 - 25.

② 方亚琴、夏建中:《社区治理中的社会资本培育》,《中国社会科学》2019 年第 7 期,第 64 - 84 页。

③ 毛佩瑾、徐正、邓国胜:《不同类型社区社会组织对社会资本形成的影响》,《城市问题》2017 年第 4 期,第 77 - 83 页。

弱的重要力量,通过维护弱势群体的权益,扶持弱势群体的发展,帮助其走出困境,促进了社会公平公正;通过动员社会力量,将社会的不同群体和不同资源进行整合,推动群体间的融合和共同发展;通过将志愿资源有效整合,充分发挥配置功效,促进社会整合功能。S区爱心助困志愿者协会"爱心助学"项目,主要为随迁子女学校的孩子们开展志愿服务。志愿者团队每周两次为学生们提供教学和各种交流活动,丰富孩子们的课余生活。该项目接受来自社会各界爱心人士的捐助,由协会提供对象进行资助,并通过走访,不定期地将回馈信息反馈给资助者。这个项目利用志愿资源,弥补了政府服务不充分的地方,在一定程度上促进了社会各方的利益均衡,扩大了社会公平的覆盖面。

(二)志愿逻辑:志愿型社会组织的行动方式

志愿型社会组织的行动和成长需要政治、体制、法制等显性制度性因素的支持,同时也受到组织的价值体系、空间结构、社会资本等隐性因素的影响[1]。对于志愿型社会组织来说,组织与其他社会组织的不同之处就在于它是志愿价值精神主导的,组织的行动方式遵循志愿逻辑。志愿型社会组织在行动中强调志愿精神的传递与弘扬。在由志愿者自发形成的服务项目中,服务完全由志愿逻辑支撑,是志愿者由爱心驱动,然后付出时间、金钱等开展行动。在志愿型社会组织参与的公共服务购买项目中,组织也依靠志愿逻辑来建构自身的"生存理性"和"价值理性",通过内部核心志愿者的确认维系志愿逻辑,通过与政府有选择的互动,守卫志愿逻辑,为志愿逻辑行动方式的合法与有效提供良好的组织环境。

S区爱心助困志愿者协会在社区层面开展了很多有价值、有温度的公益服务,在活动开展的同时接受来自社区居民的爱心捐赠,这是一种爱心的循环,也是组织资源的累积。组织帮助社区居民,志愿服务的受助者在获得他人温情相助的同时,也会激发出更强烈的热爱与回馈社会的意识。

1. 组织运作

上海市S区爱心助困志愿者协会的雏形是S区的茸城爱心论坛。在我国进入新世纪之时,一些拥有较好物质资源和较高教育水平的社会成员开始关注

---

① 姚华:《NGO与政府合作中的自主性何以可能?——以上海YMCA为个案》,《社会学研究》2013年第1期,第21-42页。

公共事务,寻求通过扩散爱心来丰富人生价值。在闲暇之时,S区一些想要奉献爱心的社区居民,在BBS上发布志愿服务信息,召集志愿者一同前往,久而久之,一个志愿者集体慢慢形成了。这奠定了S区爱心助困志愿者协会的基调,即重视奉献、重视志愿精神。协会最高权力机构是会员大会,每届任期五年,拥有组织章程的制定和修改、理事的选举和罢免、会费标准的制定、审议理事会工作和财务报告等职权。会员大会选举理事成立理事会作为组织的执行机构。不同于许多社会组织理事会"徒有虚名"的实际状况,该协会的理事会在组织的发展中起到了实质性的作用,每当组织遇到难题的时候,理事会成员一起讨论决定,形成共识。这也为组织宗旨的延续和志愿逻辑的维系奠定了组织基础。

2. 困难应对

协会成立之初,由于资历浅,组织还不能够得到受助对象的信任,很多项目的开展都遇到困难。协会最早开始的项目是"蓝色港湾"项目,是定期为S区某镇老年福利院的在院老人提供护理、看望等志愿服务。项目开展的初期,蓝色港湾福利院是有疑虑的,他们担心协会同某些组织一样,只是图新鲜感,不能长期地进行服务。协会并没有轻言放弃,而是经过数个月的坚持,从帮助福利院做最基本的工作开始,然后一点一点与福利院的老人们接触,福利院的工作人员们被协会这种坚持和真诚打动,最终决定展开合作。目前,协会组织志愿者每周末到蓝色港湾福利院,与老人们开展交流互动,开展一些关爱服务,让其感受到社会对他们的关爱。诸如此类的问题和困难还有很多,但是协会成员始终保持着对公益初心的坚守,不图回报,正是因为志愿精神的支撑和维系,促使组织在日后的发展中拥有了更多的自主性,使组织可以渡过一个又一个的难关。

3. 志愿守护

协会经过多年的发展,服务领域从创办之初的较单一到目前拓展至多个项目,并且多次承接政府购买服务。在执行政府购买的服务项目中,协会在完成政府规定动作的同时,自觉加入志愿的元素。协会承接的"慈善超市"项目在2019年获得了上海市专家评估组的好评。该项目运用"政府搭台、社会参与、百姓受益"的模式,推进慈善文化传播引导,拓宽社会资源募集渠道,经过持之以恒地探索、创新,逐步形成了管理完善化、运作规范化、具有S区文化特色的运营模式,在 S 区拥有着深远的影响力,已成为促进社会治理和志愿服务工作的一个不可或缺的载体。不同于其他区和社会组织运营的慈善超市,S 区爱心助困志愿者协会运营的慈善超市不仅仅售卖爱心商品,还是公益志愿者的中心,也是志愿服务活动的开展中心,更是所有爱心物资的集结中心。运营的过程中,协会始终保持物资的多渠道筹措,保障了物资的来源,坚持规范化管理,始终弘扬慈善理念,将社会资源进行了有效整合。协会的项目运作中不排斥和政府进行合作,但是也不是一味地迎合,而是始终坚守公益的本心,在政府的支持和监管下,将公益发挥到了极致。项目的执行也促使组织得到更多的锻炼和成长,无论是独立性、专业性,还是社会声誉、组织实力都得到了大幅度的提升,获得了政府、社会及公众的广泛好评。

二、志愿型社会组织参与社区治理

中国社会草根力量的活跃表征了社会底层和民间力量主体性意识的萌发[1],这对制度安排的改革和社会生活的变迁带来了深远的影响。民间组织作为一种相对稳定的社会活动载体,对促进社会发育的主要作用表现在:在进行自我表达时,有可能使国家与原子状态下的民众形成一种沟通;可以为社会成员提供参与社会公共生活的机会;有可能使其成员遵循组织所奉行的价值与规范[2]。中国的改革带来了社会生活变迁,这种变迁既反映在社会生活方式上,也表现为社会生活内在逻辑的转变。在现代社会里,政府日益需要社会力量参与社会公共事务的治理。政府开始通过培育社会组织解决市场化进程中出现的社会问题,并回归公共责任承担者的角色,推动"市场社会"过渡到"社会市场"[3]。有序推动社区社会组织参与社区治理是当前促进城市基层社会治理创新的重要内容,项目制政府购买社会组织参与社区服务形式已经成为当前社区合作治理的一个主流模式,它体现了国家从"一元化"主导社会治理格局向"多元化"社会各主体参与的转变,反映出政府职能的转变和"小政府、大社会"社会

---

① 李友梅等:《社会的生产:1978 年以来的中国社会变迁》,上海:上海人民出版社,2008 年版,第 111 - 145 页。

② 李友梅:《民间组织与社会发育》,《探索与争鸣》2006 年第 4 期,第 32 - 36 页。

③ 孙莉莉:《探寻社会生活组织化之道——对中国改革道路的一种解读》,《理论导刊》2008 年第 11 期,第 13 - 16 页。

治理格局的形成,最终实现了政府与各类社会组织在参与基层社会治理实践中的合作共赢①。

志愿型社会组织是社会力量的重要体现,是重塑国家与社会关系的重要力量。S区爱心助困志愿者协会作为培育公民精神的载体、公民参与和意见表达的平台,通过参加社会活动发挥其在社区治理中的作用。

(一)爱心"衣救"

自2007年成立以来,协会一直接受旧衣服捐赠,目前已经累计接收旧衣服超过13万件。在志愿者们的努力下,这些带着市民爱心的旧衣服一直保持着良好的"流通"。经过集中清洗消毒后,这些衣服主要流向本地的来沪务工人员子女、福利院残疾人和社区贫困老人。至今已完成了数以万计的旧衣物的改造,创造了不计其数的新物品,并投入市场,不仅将本打算遗弃的旧衣物进行了回收再利用,更是创造了一批制作精美、创意丰富的实用物品。同时,协会也提出了废物利用的理念,真正做到了"变废为宝",在社会上产生巨大影响。作为爱心协会的一个项目,爱心"衣救"正是以这样的方式让旧衣服"重获新生",通过义卖"衣救"服饰所得的善款还用在了社区公益事业。项目不仅为居民搭建了一座处理闲置衣物的便捷桥梁,同时也为社区志愿者参与公益活动打造了一个方便的平台。在二手衣物综合处置的每一个环节,居民均可成为志愿的参与者。组织进入社区开展活动,为社区提供公益性、非营利的服务,增进社区居民福利,为社区和社会的发展注入活力。

(二)公益跳蚤会

S区爱心助困志愿者协会在组织开展义卖、义演、义捐等活动中发现,一方面,大部分居民家中都有一些闲置物品,另一方面,社区中缺少利用这些闲置物品的活动平台。于是,协会依据居民的实际需求,一个"闲(闲置物品)+闲(闲置物品)=公益+环保"的思路产生了。2011年,协会开始组织公益跳蚤会活动。通过与街道居委会合作,引领环保公益社会文化,号召大家把家里二手闲置物品、仓库库存、手工作品等带到现场进行爱心义卖或者以物易物,发挥资源的最大效益,活动同时接受捐赠,捐赠物品义卖后的善款将用于助残、助学、助

---

① 尹广文:《项目制运作:社会组织参与城市基层社区治理的路径选择》,《云南行政学院学报》2017年第3期,第127-133页。

困等爱心活动。自2012年6月起，每月第三个星期六上午，协会在江虹居委会广场举办"心虹集市"公益跳蚤会，为居民提供一个将闲置物品以物易物或义卖的便民服务平台。至2020年底，协会共组织公益跳蚤会102次，设摊1 280个，吸引20 000多人次参与，有近1 500人次志愿者参加，其中参加三次以上的志愿者70人，共计志工时间5 600小时。协会通过公益跳蚤会，对资金募集、志愿者动员与组织、争创公益品牌等进行了有益的探索。通过活动，增进社区居民之间的联系，推动了社区的精神文明建设，增进社区凝聚力，培养公民的公共意识，实现了组织对社会的涵育。

第二节　"为更好的公益而志愿"：志愿型社会组织的认同

一、志愿者的集合体：认同的确定

认同是一个比较和辨识的过程，正是成员对组织的认同，而不是其他的东西赋予了组织强大的力量，以保证众多成员协调行为，完成组织目标①。志愿服务中包含两种不同类型的认同，一种是出于对榜样的认同和崇拜，进行志愿行为；另一种是志愿者对志愿活动有一定的认识，了解志愿活动的价值，出于对活动本身的认同，进行志愿行为。认同也是一种结果，代表个体与其他人之间意义的区分，是自我身份感、意义感和归属感的情感边界，是群体及其成员资格与角色的联结。

S区爱心助困志愿者协会凝聚社区居民的志愿精神，让志愿者在协会中发挥核心作用，后续会员的加入受到志愿文化的影响，对志愿行动和团队有较好的认同，在协会里找到了志愿者的归属感。志愿是由对榜样的认同所带来的内化，协会发展过程中，内部逐渐形成组织文化和精神，并始终指引组织前进的方向。协会秘书长表示：

我们组织最具核心的竞争力就是我们所有成员对公益信念的坚守，志愿服务完全依靠成员与志愿者的自发行为，不需要协会付出成本进行组织。这是组

---

① 赫伯特·西蒙：《今日世界中的公共管理：组织与市场》，杨雪冬译，《经济社会体制比较》2001年第5期，第55-61页。

织近年来面对较为激烈的竞争环境,协会能够始终坚持志愿,获得较好发展的重要支撑。

组织领导者是志愿型社会组织确定认同的关键行动者。志愿型社会组织在与内部志愿者和外部行动者进行互动的过程中,形成自己的组织边界,思考自己的组织认同。然而,确定组织认同之后,需要为这个组织认同的维系配置相应的资源,否则,组织的认同无以为继。

在这个过程中,如果组织的领导者有丰富的资源,那么这个组织在维系认同上就占据了优势,因为这些领导者能够通过动员他们的文化威望、社会网络、经济资本和政治地位,来为志愿者集合体的发展保驾护航。当然,这些形式的资本不是均衡分布的。一些领导者有更多的政治联系,而其他的有更多的文化资本或经济资本。而且,资本的存量和类型在组织认同形成和确定的过程中也是至关重要的。

二、守卫志愿:在组织发展和志愿发展之间的再确认

S区爱心助困志愿者协会在运作中选择嵌入式发展路径,一方面嵌入于社区和志愿者,一方面有选择地嵌入政府资源,这是组织对于制度环境特征进行考虑后,做出的审慎选择。在承接政府购买的服务项目中,协会不可避免地感受到了"行政吸纳"的力量。面对资源的获取和志愿的坚守,协会中的成员是有很多不同的想法和声音的,但是最终选择了守卫志愿,在组织发展和志愿发展之间做出平衡。协会秘书长谈道:

政府购买服务项目对服务过程的要求,和我们志愿者自己发起的志愿服务的要求是有很大差别的,我们需要去学习和适应。另外,近两年国家加强了对政府购买服务项目的审计,社会组织也面临更大的压力,政府不仅仅关注你项目进展过程中的运作细则,还重视那些项目的结果是否对政府工作形成帮助。因此一些组织为了承接项目,获取资源,就会舍弃公益的初心,将组织和项目进行"包装",以求在审计中获得一个比较好的政府评价。协会如果大量地去承接政府服务项目,我们是有这个资源的。但是经由会长、理事会与核心志愿者的讨论,大家一致认为,我们组织还是要想办法维持我们的志愿性质。

志愿型社会组织需要捍卫组织的志愿性质,保留组织的志愿者资源,保持

一定的自主性。不仅要坚持把以前一直做得比较好的项目做下去，还需要在专业的购买服务项目中嵌入志愿性，丰富志愿者的参与。正是大家一致的组织认同，决定了组织在日后发展中有选择地接受政府的购买项目，不会一味地向政府靠拢。组织在发展过程中，也始终保持着自我建设，积极拓展外部关系，这也使得组织在发展较为成熟后，不仅得到了政府的支持而且获得了较强的自主性。协会凭借其志愿性和公益性来回应政府的行政性，化解组织发展中遇到的认同冲击，也就是组织认同的再确认。

得益于所有成员，无论是协会的理事长还是普通的志愿者对公益的相信和坚持，S区爱心助困志愿者协会在公益领域做出了"名气"，公众都知道协会的公益理念与精神是其他某些组织不具备的，群众和社会相对来说很信任组织。因此，除了政府的购买服务项目，也有很多的企业向协会抛来橄榄枝，S区一些企业想做相关的公益活动时，首先想到的合作对象就是S区爱心助困志愿者协会。协会秘书长讲道：

虽然一些企业专门过来进行对接，经常会开出很诱人的砝码，但我们还是拒绝了不少的合作。他们也许会凭借我们的名声将活动办得很好，但是协会在选择合作时，是非常谨慎的，始终将公益的认同放在第一位。对于会影响公益初心的项目，是坚决抵制的。协会今天的发展和协会的志愿精神分不开，我们每一个人都在守卫志愿。

S区爱心助困志愿者协会组织很清晰自己的角色定位，也知道应该与其他行动者处于怎样的关联关系中。正是这种对志愿的守卫，才使得组织获得了一定的自主性，更宽阔的选择能力。组织在发展过程中多次获得政府及社会的好评，曾获得"中华慈善奖"提名奖，被评为"2011年上海市十佳社区志愿服务者"，其会员也多次被授予"上海市十佳志愿者""区十佳青年"。正是来自社会各界的肯定，让每一位志愿者保持初心的信念更加坚定，让组织可以有余地地做选择，也可以使组织去向外拓展更多的资源。

第三节　较好的韧性：志愿型社会组织的选择能力

相较于其他社会组织，S区爱心助困志愿者协会在发展中，具有较自由的选择空间和较好韧性的资源选择能力。综合起来看，协会一方面发挥链接社区志愿资源的天然优势，一方面与政府积极的合作，获得了更多的发展资源和发展空间。

一、链接社区志愿资源的天然优势

(一)志愿者的维系及广泛参与

随着我国社会成员生活水平的提高，人们开始追求物质生活之外的精神生活，关注社会整体的进步和发展，志愿服务就是追求这种自我实现的一个途径。志愿服务是人们以自愿的精神、自觉的态度提供无偿的非职业化的援助，通过参与社会生活，促进社会发展的社会活动。S区爱心助困志愿者协会早期发起人的志愿行为使得组织成立，他们处于组织治理结构的中心，其精神成为组织成长的引领，同时也有更多的志愿者因为受到组织领导者的志愿精神打动，愿意加入到组织中来共同完成公益事业。

志愿者之间的精神传递。在被帮扶的对象中有这样一对老夫妻，他们身体行动不便，在他们了解到了协会的志愿活动以后，知道有旧衣改造的志愿项目，他们就自发将家中闲置的旧衣服清理打包好，等待志愿者上门收取。还有一些被服务对象，自身的家庭条件并不优越，但是也愿意拿出部分积蓄来做公益帮助更有需要的人。所以，志愿者之间的精神传递，使得志愿者的队伍越来越壮大。一些社区居民从帮扶对象变成了稳定的志愿者，从志愿服务中找到了生活的价值。S区爱心助困志愿者协会能够始终保持初心与信念，正是在组织积极的理念引导下，经过十多年的积淀和传承，组织成员之间形成了一致的群体意识。这种群体意识在志愿行动中转化为珍贵的社会责任感，吸引更多有才干、有能力、有奉献精神的志愿者加入，使得无论组织经历怎样的困难和困境，都可以不忘初心，始终坚守在公益服务的道路上。志愿者不仅是志愿型社会组织的人力资本，也是志愿型社会组织的社会资本，推动组织的发展和建设。也正是因为组织拥有志愿者的维系，使得其在资源的获取、与合作伙伴的选择上，拥有更多可选择的空间。

(二)"牵线搭桥"：组织的"贵人"

在组织的发展过程中，由于自身资源的局限性，难免经历各种问题与挑战，组织自身的力量相对薄弱,此时,一些"贵人"的出现,使得组织能更好地化解危机。

在组织创办初期,因为 S 区爱心助困志愿者协会的草根性,当时组织的资源是很匮乏的,但是协会专职人员仅仅拿基本工资,协会会长、理事等在服务项目中主动拿出自己的收入,支持服务项目中的必需支出。多年以来,协会的志愿者在很多活动中会主动地自己开车,搬运各种物资,同时拒绝协会的志愿者补贴,在组织活动中有不可避免的开支时,会长会主动自掏腰包,保证志愿者的利益不受到损害。

在协会的爱心"衣救"项目中,从爱心人士手中收集到的闲置衣物,必须经过清洗消毒,再发放到需要的人手中。在这个项目中,资金支出集中于衣服的清洗消毒问题,协会需要找到洗衣店去做这件事情。起初,洗衣店老板知晓协会是在做公益项目,就按照成本价帮助清洗,第二年,洗衣店老板看到协会会员的辛苦是为了传递爱心,他决定免费承接衣服的清洗消毒工作。这为项目运作节约了一部分成本,为项目的顺利开展提供了保障。在 2020 年的疫情期间,协会组织的抗疫物资捐赠,都是之前有过合作的企业无偿捐赠的,他们不仅捐赠口罩等物资,还免费为组织提供运输车辆、物资收纳箱,再加上志愿者的无偿劳动,协会是无成本运作的。

在公益的路上,正是这些"贵人"的辅助,给协会解决了一个个大大小小的问题,让组织的各个项目能够顺利运作。每一位志愿者和捐赠者都为公益事业的发展增添了一份温暖,不仅为组织提供了免费的人力资本,也为组织提供了额外的资金帮助,使志愿服务得以维系。

二、与政府积极地合作

政府与社会组织合作是我国公共服务供给的发展趋势,合作治理是开放的治理,在合作治理模式中,虽然政府在治理过程中发挥着引导的作用,但是,参与到治理过程中的每一个治理主体都能够平等地在治理活动中发挥其应有的作用,对于关涉到公共利益的每一项公共事务,都能够平等地发表意见和积极地采取合作行动[①]。社会治理体系及其过程的开放性,政府与社会组织走向合

---

① 张康之:《合作治理是社会治理变革的归宿》,《社会科学研究》2012 年第 3 期,第 35 - 42 页。

作治理的条件会逐步具备。在社会治理结构变迁的过程中,社会组织在多元主体治理格局中的重要作用会越来越明显,政府与社会组织在公共服务的供给中,合作大于竞争,二者只有在相互信任、相互支持、相互依赖,进而开展多种契约性、制度性合作的基础上,才能建立良性、友好的伙伴关系①。

  政府与社会组织的合作在本质上是一种以实现公共利益为前提的资源共享行为,社会组织往往也同时具有服务和治理的双重职能。政府向社会组织购买服务从多个方面为合作治理创造了有利条件,如果政府刻意抑制社会组织的治理能力,将不利于其服务提供能力的提高②。在"强国家弱社会"的背景之下,社会组织在与政府的合作过程中,既要有妥协又要有坚持,妥协要妥协得有智慧、有策略,坚持要坚持得有理性、有原则。只有这样,才有可能在双方良性互动的基础上建立起双向互动的权力关系,推动"制度"与"生活"的相互建构。社会组织同政府妥协比较有智慧、有成效、可复制的一种策略即"做加法",通过这一策略,社会组织不仅能够避免与政府之间发生一些不必要的矛盾和冲突,又能够柔性地实现自身的理念与目标③。合作治理是政府与社会组织进行资源整合和优势互补的良好关系形态,实现合作治理需要以政府认同社会组织主体地位和合作治理系统的建立与维护为前提。合作与信任具有同构性,信任机制可以解读政府与社会组织合作治理的双阶逻辑,即社会组织参与社会治理的地位认同和政府与社会组织合作供给公共服务等两个阶段④。

  政府向社会组织购买服务对国家与社会的关系影响是多方面的。一方面,其重塑了新的国家与社会关系,社会组织发展有了新的空间和机会,一些空间和机会是制度性和竞争性的。另一方面,其强化了旧有的国家与社会关系,国家通过培育或者自我组建社会组织,把国家的力量嵌入到社会。政府购买服务为社会组织创造了新的机会,也可能会强化旧的关系,但总体上,其为国家与社

---

① 王华:《治理中的伙伴关系:政府与非政府组织间的合作》,《云南社会科学》2003 年第 3 期,第 25 - 28,33 页。

② 敬乂嘉:《从购买服务到合作治理——政社合作的形态与发展》,《中国行政管理》2014 年第 7 期,第 54 - 59 页。

③ 姚华:《NGO 与政府合作中的自主性何以可能? ——以上海 YMCA 为个案》,《社会学研究》2013 年第 1 期,第 21 - 42 页。

④ 王通:《起点信任与过程信任:政府与社会组织合作治理的双阶逻辑》,《理论导刊》2018 年第 11 期,第 20 - 26 页。

会关系的演变提供了新的动力。政府与社会组织的合作模式不是单一的，可以有依附型、契约型和信任型三种形态。从经验层面看，不管是依附型合作还是契约型合作，治理效果都不理想。相比较，信任型合作模式能够实现政府与社会组织的优势互补，提高社会组织参与治理的主动性，治理效果比较理想，为我国合作治理模式创新指明了方向[①]。

S区爱心助困志愿者协会进行的公益项目，都是呼应了政府对社会组织公益性质的定位，同时，由于组织长期持续地做公益，产生了较好的社会影响力，建立了组织的声誉，这些条件为协会与政府的合作提供了坚实的基础，因此可以追求与政府的信任型合作模式。合作之中必然有双方基于自己利益考量而发展出的策略。有学者提出"策略性合作"这一概念，来指涉公共服务领域中政府和社会组织的新型互动关系。在这一互动关系中，双方脱离行政吸纳范式指标的约束，建构了正式或非正式的竞争规则。策略性合作的结果是，社会组织的政治功能被消减，在政治利益表达和政治参与倡导层面作用甚微，开始具备一定限度的服务议价能力，政府与组织不再是线性的上下级关系[②]。S区爱心助困志愿者协会与政府的合作就可以看作是一种策略选择，协会用志愿逻辑来抵消行政吸纳的消极影响，对于项目的指标约束不是消极的被动接受，而是嵌入组织的核心利益。

（一）依靠组织领导资源的合作

社会组织在制度支持、资源、合法性方面都受到政府的影响，因而对政府产生一定的依赖，社会组织若能与政府开展合作，对组织的发展有积极的意义。组织领导人是组织与外部环境特别是政府资源进行沟通的重要通道。S区爱心助困志愿者协会的会长，是退休的公务员，退休前在中层领导的职位上，负责的业务与社会组织有一定的联系。这样的身份特征使其与体制内单位有广泛的人际关系网络，与政府人员比较熟悉，这对协会与政府建立合作关系有比较好的帮助。以往的工作经历使她能够比较顺畅地斡旋于组织环境中，为组织积累信任和良好的"形象"。加之组织在志愿服务领域较高的公信力，一些政府项

---

① 倪永贵：《政府与社会组织合作治理模式创新趋向研究——以温州市为例》，《北京交通大学学报（社会科学版）》2019年第4期，第63-68页。

② 程坤鹏、徐家良：《从行政吸纳到策略性合作：新时代政府与社会组织关系的互动逻辑》，《治理研究》2018年第6期，第76-84页。

目会主动找上门来。组织在积极开展政府合作服务项目的同时,也一直对组织的自主性问题保持警醒。如果项目资金单一地来源于某个政府部门的购买项目,那么,组织就会不可避免地对其产生依附,进而被行政吸纳。

组织领导人有意筛选与政府的合作项目。组织领导人在与外部环境中的行动者进行沟通时,会对项目合作方的意图进行理解,选择那些既能推动志愿服务又能促进组织发展的项目。有的合作对组织自身而言,可以得到资源上的帮助,推动公益活动的发展,但是也有部分合作会限制组织的发展,使得组织在行动上束手束脚。所以,协会在与政府的合作中尽量保证自身可以得到成长,也正是这种有原则、有底线的行动策略,使得S区爱心助困志愿者协会在与政府合作的过程中仍然可以保有自身的自主性。

(二)志愿项目的合作

S区爱心助困志愿者协会作为公益团体,其核心的目标是完成对社会弱势困难群体的帮扶,这与政府的福利提供功能相吻合。政府在这个领域,愿意选择与协会合作,协会也乐意与政府进行志愿项目的合作,一方面满足政府的项目目标,另一方面实现组织的公益目标。

协会的慈善超市项目是组织与政府合作非常成功的案例,其运作采用的是立足于社区、服务于社区的模式。首先,项目充分地了解到了社区困难居民的诉求,发现一些社区的居民对这样一个相对来说价格实惠且充满爱心的超市有较大的需求,然后通过组织向政府传递社区诉求,进而在政府的支持和帮助下在一些社区提供公益服务。慈善超市自2016年1月起建立以来,受到区民政局领导、社会各界爱心人士的大力支持,本着"政府搭台、社会参与、百姓受益"的原则,大力推进慈善文化传播引导,拓宽社会资源募集渠道,经过持之以恒的探索、创新,逐步形成了管理完善化、运作规范化、具有S区文化特色的运营模式,在S区拥有着深远的影响力,已成为促进社会治理和志愿服务工作的一个不可或缺的载体。社区困难人群可凭爱心家园发放的"爱心兑换券"前来免费换购生活所需物品,普通居民也可以购买商品奉献爱心。

经过几年的运作,慈善超市不单单是一个门店,更是使自身成为三个中心。一是公益志愿者的中心。随着慈善超市的开门运营,凝聚了一批活跃在超市的志愿者来超市帮忙;二是志愿服务活动的中心。随着项目的实施,越来越多的志愿者加入到各类志愿服务活动中。爱心助老、蓝色港湾综合关爱、爱心助学、幼儿园支教、困境儿童志愿服务、帮助抑郁症患者走出阴霾等等支援项目以慈善超市为基点，吸引更多志愿者加入组织的队伍。三是爱心物资中心。慈善超市汇聚着来自社会各界爱心人士的捐赠物资，除了接收爱心物品的捐赠还需要爱心物资的有效流通，避免造成二次浪费。与公益跳蚤会相结合，将落脚点辐射到社区，形成了多元化、多形式的奉献爱心方式，此外，协会把该项目与爱心"衣救"相结合，累计向弱势人群捐赠发放了 210 046 件经过清洗、消毒、创意改造后的二手衣物。在疫情期间，慈善超市将接收到的社会各界人士的捐赠物资整理后，捐向祖国各处需要帮助的地方。慈善超市营运主要凭借多渠道筹措，保障物资来源、规范管理、弘扬慈善理念，具有管理完善、运作规范、优化整合社会资源等特点，获得了政府、社区及附近居民的普遍认可。

S区爱心助困志愿者协会积极与政府合作，运营了一些口碑很好的项目，获得了各方积极的评价。合作的结果不仅带来了政府的进一步认同，也通过项目获得了资金支持，扩大了公益服务的载体。

第四节　嵌入型参与路径面临的挑战

一、服务领域的拓展需要相匹配的专业能力

在"制度—生活"的分析框架下，志愿型社会组织的专业性可以为生活主体获取到更多来自制度主体的认同与尊重，进而建立平等且友好的双向互动关系。当前，政府通过购买服务培育和发展社会组织的积极性比较高，因而，社会组织的专业性也会得到越来越多的重视，作为竞争必选的重要考察和评估因素。S区爱心助困志愿者协会的诸多传统公益服务项目完全依赖志愿者的爱心，对于志愿者的服务能力关注不够。同时，近年来承接的一些政府购买服务项目，拓展了组织服务领域的同时，也对志愿者的服务能力提出了要求。

S区爱心助困志愿者协会在发展中逐渐意识到专业化的重要性。专业的服务也是塑造组织品牌的前提。提升服务的专业化水平，是协会在新的环境下发展自主性的一个重要条件。走嵌入式发展道路的志愿型社会组织，需要从外部获取资源供养，但是如果在合作双方并不对等的条件下嵌入，就会体现出迎

合的色彩,组织会选择容易被政府所看见、更容易被选择的"捷径",而这种主动的迎合是对组织自主性的消减。这种非对称依赖关系不利于社会组织的长远发展,会增加社会组织资源持续获取的不稳定性。要做到在和政府的合作中保留适当的选择空间,审慎地嵌入于制度化治理网络中,就需要发挥其治理主体功能,提升志愿型社会组织在公共服务中的承接能力,加强组织内部的专业能力。

S区爱心助困志愿者协会的志愿服务项目仍然囿于传统的帮扶,对新时期社区居民新的需求尤其是发展方面的需求,缺乏了解和回应。这一方面造成志愿服务的辐射力受到限制,另一方面不利于组织主动适应需求,寻找新的服务领域。从协会志愿者的构成来看,55岁以上的群体占绝大多数,青年志愿者以在校大学生为主,居住在社区的青年群体参与的数量微乎其微。这说明,协会对于社区青年居民的吸引力还有很大的拓展空间。

专业人才的短缺是志愿型社会组织提升专业化水平的最大障碍。组织的成员大部分是凭借其志愿精神加入公益事业,他们缺乏在此领域提供公共服务的专业技能培训。组织专职人员方面,由于社会工作者整体职业发展道路的特征,相对于政府组织和市场组织,社会组织可以为成员提供的待遇条件是有限的,导致组织对专业人员的吸引能力不强。由于组织服务的领域越来越广泛,组织在服务项目领域的专业能力未能及时更新。专业人才的储备和专业能力的建设需要较长的时间,很多时候并不是依靠个体组织的努力就能实现的,更需要整个社会组织行业环境的改善。

二、志愿逻辑与行政逻辑交锋中自主性的生产

如前所述,S区爱心助困志愿者协会的发展中,志愿逻辑是组织的根本遵循,同时也存在着一定的行政逻辑,因此,如何在两种逻辑的交锋中,进行组织自主性的生长,就成为组织当前和今后一段时间面临的一个挑战。

由于我国社会组织尚处于发展初期,社会组织自主性的生产是艰难的。首先,制度环境复杂。自主性的生产嵌入在一系列不同层次的互动过程中,各种

约束条件与策略行为相互交织、互为因果①,对社会组织来说,生存下来已实属不易。其次,在外部的控制导向和资源依赖状况下,社会组织自主性的生产缺乏必要的条件,许多社会组织选择不作为,结果导致志愿失灵,社会组织的发育无从谈起②。

S区爱心助困志愿者协会目前面临的最大挑战就是志愿逻辑与行政逻辑的交锋,组织更多是面向志愿服务进行项目的推进,但是同样会受到行政吸纳逻辑的影响。政府购买服务项目中,由于政府的干预和影响,可能会造成组织的资源依赖,降低自主性。

(一)志愿逻辑的维系与自主性

我们可以从两个方面来探讨S区爱心助困志愿者协会的自主性,一是国家的制度结构安排所允许的社会组织自主性水平,二是社会组织通过日常运作中的各种行动策略实际建构的自主性,因此组织想要在志愿逻辑和行政逻辑交锋中获取自主性,就必须找到两个层次交相辉映的中间地带。志愿型社会组织的发展得益于一群自发奉献的志愿者的情感联结,为组织提供了必要的人力资源和服务资源,这是组织的安身立命之本。S区爱心助困志愿者协会在承接政府购买项目时,始终是有选择性地承接,而且在项目中嵌入志愿逻辑,确保可以有志愿者奉献的空间和余地,保持志愿精神的传递。在谈到组织发展中公益精神和志愿者的价值时,S区爱心助困志愿者协会项目主管说道:

协会一直把做公益看作立身之本,把志愿者的参与看作组织活力的来源。虽然很多时候,协会有很多机会把项目做得更经济、更有效率,但是我们的团队都认为那不是我们成立这个协会的初衷,我们就是要在这个"慢"中凝聚更多志愿者、筑牢我们的公益理念。虽然协会近年来承接的政府购买服务项目在增加,但是我们做项目与很多组织做项目不同,我们有志愿者的广泛的、实质性的参与,甚至有些项目就是志愿者在无偿运作的,所以我们做出来的项目就是不一样。当然,协会也会因此失去了更快更专业的发展的机会。怎么说呢,有所得就会有所失,这个道理放在哪里都适用。

---

① 黄晓春、嵇欣:《非协同治理与策略性应对——社会组织自主性研究的一个理论框架》,《社会学研究》2014年第6期,第98-123页。

② 马全中:《政府向社会组织购买服务的"内卷化"及其矫正——基于B市G区购买服务的经验分析》,《求实》2017年第4期,第44-57页。

这种在具体实践中表现出的有所为、有所不为的原则,使组织所承接的项目没有与组织的公益理念相悖,保证了两种逻辑交锋中志愿逻辑的无处不在,进而维系和发展了志愿逻辑。但与此同时,协会的效率和专业性受到了一定程度的影响。在政府购买服务更加要求专业化的趋势中,组织有时候会因为对志愿的坚持而失去或者舍弃一些发展空间和发展资源,进而影响组织的自主性。

(二)行政逻辑的介入与自主性

从我国社会组织发展的整体环境看,行政对于社会的吸纳是普遍现象,也是我们研究社会组织的一个起点。在社会组织的日常运作中,由于业务主管单位对组织的具体运作有直接的责任,所以,社会组织需要熟悉行政逻辑,才能有顺畅的沟通。S区爱心助困志愿者协会的专职人员想要申请区级和市级的先进荣誉称号,必须要得到业务主管部门的批准才可以申请。业务主管部门是政府单位,遵循的是行政逻辑,因此,诸如此类需要业务主管单位支持的事项,协会需要花费比较大的精力去解释和争取。所以,协会需要培养与业务主管部门行政逻辑进行沟通的能力。

组织的发展不可能仅仅依靠公益信念来支撑,获得政府的支持也是保证组织生存发展的重要方面。随着政府购买服务的普遍存在,政府手中掌握的服务资源十分丰富,社会组织要从政府那里获得资源,就要参与到政府购买服务项目中,并且按照政府拟定的项目合同规定执行项目。要顺利完成项目,社会组织不仅需要在组织形式上迎合行政逻辑,还需要在项目内容上符合政府项目的规定。在访谈中,S区爱心助困志愿者协会秘书长提道:

上级审计部门来审计协会承接的政府购买项目时,是按照对行政单位审计的标准进行的。不仅审计钱怎么花,还审计事情怎么做,会追问"你这个组织为什么能拿到这个项目"诸如此类的问题。纪委对资金使用的审计,也是按照行政机构的标准。社会组织实际运行中为了节省成本省下的钱,要被收回去。比如几个人一起到街道、居委会开展项目,按照行政机构的做法,需要去机关局租车,但是社会组织项目经费有限,去机关局租车的费用明显高于机构个人开车,最后让机构某个人开车,大家一起乘车去,却因为这部分费用没有发票,被认为是没有发生被收回。按照社会组织的法人治理结构,这个交通的形式是社会组织的理事会决议通过的,应该就具有效力,但是审计、纪委有不同意见。

　　政府试图通过购买服务的方式来引导和规范社会组织的发展,但由于站在行政逻辑的立场上,不可避免地会对社会组织内部运作产生影响,志愿型社会组织需要有策略地回应行政逻辑对志愿逻辑的挤压,进而实现志愿逻辑与行政逻辑的平衡,在二者并存的情况下建构组织的自主性。

第五章

交换型参与路径：专业型社会组织参与社区治理的路径

本研究以 S 区 Q 社会工作促进中心作为专业型社会组织的典型个案，探讨其参与社区治理的路径。该组织始于 2003 年在上海浦东新区成立的一家社会组织，该社会组织是一家专注于社会工作者成长陪伴、社工组织机构能力发展和社工行业研究与倡导的支持性社会组织，以社会工作网络联盟的形式运作，负责人是上海某高校社会工作专业的本科毕业生。2016 年，由于该组织的业务在 S 区开始增多，该负责人在上海市 S 区民政局注册成立了民办非企业单位 Q 社会工作促进中心，现有员工 6 人，是一家探索推动社工行业专业化、职业化发展路径，专注于促进社工人力资本增值、增强组织能力建设、推动社工行业发展的非营利性公益组织。S 区 Q 社会工作促进中心是 S 区近年来承接政府购买服务项目数量和规模名列前茅的社会组织，对其参与社区治理的实践进行分析，具有较好的典型性。

第一节　交换型参与路径及其形成的结构条件

一、交换型参与路径的特征

布劳把社会交换从微观结构推及至宏观社会结构中群体间的交往，形成了广为接受的核心观点：社会交换受报酬追求的支配；交换行为经历"吸引—竞争—分化—整合"的过程；平衡的交换会形成相互依赖的关系，不平衡的交换则会出现地位和权力的分化。社会组织在运行中会与多方行动者展开交换关系，比如社会组织与受益对象的交换关系①，社会组织主动吸引名人，与名人建立信任的互动策略②。在社会组织转型的过程中，一些社会组织选择一些策略比如与受益对象构成一个社会子系统，转型为社会企业，以与市场之间进行平等交换③。

本研究中，我们集中探讨专业型社会组织与政府的"交换"。从组织属性上看，政府与社会组织都具有公共服务的功能。政府职能转型中，一部分公共服务交由社会组织来承担。一些社会组织看到了这样的服务空间，并希望凭借较好的专业能力和服务质量，成为政府购买服务的承接者。这样，一批社会组织在政府购买服务机制的运作中，通过承接服务项目，获得了组织的生存空间，成为"职业的做项目者"，我们把这类社会组织称为专业型社会组织。专业型社会组织在某一领域具有较好的专业知识，其运作资金来源于承接的政府购买服务项目，其运作过程和结果以合同契约为准则。与中介型社会组织不同，专业型社会组织的成立没有政府自上而下的推动，多是社会组织发起人发现了政府购买服务项目的"市场"自下而上发起，组织的发展受到是否得到项目以及得到项目的数量决定；与志愿型社会组织不同，专业型社会组织没有社区居民志愿者的社会基础，但是组织的专业知识储备相对充足。专业型社会组织的互动对象主要是政府部门的行动者，组织依靠自己的专业能力，与政府的行动者建立联系，获得信任之后，基于公共服务项目展开资源交换，政府获得了有效完成公共服务的"报酬"，社会组织获得了组织运作资金、声誉等"报酬"，形成了交换型参与路径。

（一）完善公共服务供给：专业型社会组织的功能

市场化改革深入和社会分化重组的背景下，社会的组织化方式也在发生着变化。在公共服务领域，发展公共服务并不意味着所有的公共需求都是由政府或者公共组织来提供。基本公共服务由政府作为组织者和提供者，非基本公共

---

① 李姿姿：《社会团体内部权力与交换关系研究——以北京市海淀区个体劳动者协会为个案》，《社会学研究》2004年第2期，第56-67页。

② 陈小英：《社会交换理论视角下的非营利组织与名人互动策略研究》，《福建论坛（人文社科版）》2017年第7期，第170-173页。

③ 刘蕾、周翔宇：《非营利组织转型社会企业的策略选择：基于社会交换理论的比较案例研究》，《公共管理与政策评论》2018年第4期，第83-91页。

服务则可以由政府以外的社会组织和市场来提供。随着公共服务型政府的建设和"阶层化社区"①分化复杂的服务需求凸显，人们越来越深刻地认识到社区在公共服务体系建设中的重要性，相应的公共服务资源一步步向社区倾斜，社区已经成为当前公共服务递送的中间结构。《"十三五"推进基本公共服务均等化规划》中，基本医疗卫生、社会福利、优抚安置、养老服务体系、公共文化、公共体育等诸多领域中，都对社区层面的保障措施进行了规划，比如"提高城乡社区卫生服务机构为老年人提供医疗保健服务的能力""培育发展社区社会组织"等。围绕社会成员需求构建多层次、多主体供给的社区公共服务体系，是我国社会主要矛盾变化后治理者优化公共服务的重要着力点。

公共服务的发展过程中，治理者主动思考如何优化公共服务效能，创新公共服务的治理工具。受到新公共服务理念的启发，在我国的公共服务中，逐渐引入市场力量和社会力量参与公共服务，多元主体合作参与提供公共服务的模式初步形成。近年来，政府购买服务是公共服务领域的重要治理机制创新，带来了公共服务领域新的景象。政府购买服务是指政府作为委托主体，通过财政支付全部或者部分费用的契约化行为，向各类营利、非营利组织或其他政府部门等各类社会服务机构受托者"购买"公共服务的模式②。

作为我国内地最先尝试政府购买公共服务的城市，至今上海对政府购买公共服务的探索与实践依然走在国内前列。为了减少政府包办社会服务的弊端和进一步提高社会服务的效能，上海市早在 1988 年就开始了政府购买公共服务的探索，主要集中在购买就业岗位、购买培训服务和中介服务等范围。而政府在社会公益领域较大范围内购买社会组织服务是从 90 年代以后开始进行的③。2004 年以来，国家提出建设和谐社会和加强公共服务型政府建设，上海市不断尝试改变过去政府开支侧重于采购公共工程的做法，将财政支出逐渐倾斜于公共服务的购买，引导社会力量积极关注居家养老、人民调解、困难群体的就业、流浪乞讨人员的救助、社区居民的文化服务等民生领域。

实践中逐渐发展出了政府购买公共服务的多种具体模式，合同模式是其中

---

① 李友梅：《上海社会结构变迁十五年》，上海：上海大学出版社，2008 年。
② 郑卫东：《城市社区建设中的政府购买公共服务研究——以上海市为例》，《云南财经大学学报》2011年第 1 期，第 153 - 160 页。
③ 王义：《大力推进政府购买社会组织服务的制度化保障机制建设》，《青岛日报》2009 年 7 月 18 日。

一种重要的实践模式。这种模式下，政府与社会组织签订服务合同，社会组织按合同规定提供特定的基本公共产品，政府则根据合同约定向社会组织支付费用。这种模式比较适用于专业性较强的事务性服务项目，如各地开展的农村劳动力转移培训、农民工技能培训、社区矫正等，多是采取这种方式。政府采取这种做法，目的是希望通过利用社会组织的专业技术和人力资源优势，更加有效地提供基本公共服务。S区Q社会工作促进中心就是在政府向社会组织购买公共服务的合同模式下运作的社会组织。该组织自成立以来，先后承接上海市民政局和S区民政局多项项目，在社区自治、能力培训、科技助力社工等方面发挥了组织的功能。

社区自治方面，Q社会工作促进中心近年来承接了S区多项委托项目，比如，S区居村委规范化示范创建项目、居村"两委"培训项目、居村自治能力建设项目、社区工作者初任队伍培训，展现了该组织较强的实操能力和活动的策划、执行能力。"S区居村自治能力建设项目"对S区17个街镇的居村委书记、主任以及130个报名居村规范化示范创建的居村委会工作人员，进行实地指导和培训，服务人次达4 000人次以上。该组织连续两年承办了S区公益伙伴日活动，运营了S区社区微信公众号。能力培训方面，该组织仅2019年就承接了S区民政局的规范化示范创建评估项目、退役军人培训项目、社区工作者初任培训项目、社会组织服务中心能力提升培训项目等多个能力提升类项目。其中"S区好邻居社区服务站建设指导项目"覆盖了S区17个街镇，实地指导不少于100个社区居委会，服务人次达3 000人次以上，为S区的社会工作发展、社区服务发展起了推动作用和一定的贡献。此外，该组织还承接了上海市民政局的"牵手计划"项目，一对一牵手帮扶受援机构，比如深入云南永胜县山地，现场指导和提供改善当地百姓生活的方法等。除了承办以上多种大型线下项目之外，Q社会工作促进中心在IT助力行业发展中也初见成效，2019年，该组织为全国各地的30余家社会组织提供了自主研发的办公自动化系统，为S区社工协会量身定制了官方网站，该网站涵盖了社工协会所需的所有功能要求。

由此可见，Q社会工作促进中心在S区社会组织中非常活跃，该组织不仅连续获得了市和本区民政局的诸多重要公共服务项目，还能够获得技术服务项目，为社会工作组织更高效的网络运作提供技术支持。

（二）契约：专业型社会组织的行动遵循

专业型社会组织得以发展的根本是要得到政府的购买服务项目，然后按照项目的合同契约展开服务，呈现组织的功能，以期得到另一个服务项目。合同契约来源于市场交换，本质上是一种市场行为。公共服务契约体现出委托方和受托方的契约自由与契约义务，政府购买社会组织的正式服务合同，一般包含的契约内容有作为委托方的政府的资金提供、监督评估等职责、服务项目的目标内容，作为受托方的社会组织的服务时间表、任务单和资金使用规范等。我国社会组织的制度环境存在风险控制与技术治理特征[①]，在正式的合同契约中，政府会设置较多监控限制条款，以减少委托代理的风险，确保社会组织能够严格按照合同要求履约。同时，正式的书面契约往往不能穷尽所有的事项，再加上外部环境的变动不居，契约双方常常要根据新的信息不断地沟通契约责任和义务，交换成本也比较高[②]。为了规避风险减少交换成本，政府会理性地选择持续性购买[③]、就近圈内购买[④]。一般来说，对于交换次数少或者处于合同契约早期的社会组织，政府更多依赖正式合同条款来约束和管控社会组织，而随着交换次数增加或者合同契约履行到中后期，政府对社会组织相对熟悉，而社会组织也有机会对政府表达忠诚、建立互信，一种以信任为基础的非正式契约就在交换中形成了，并对专业型社会组织的专业能力、合法性、组织声誉等影响深远。这种非正式契约能够积极培育信任关系，使社会组织更多着眼于长期利益而杜绝短期违约和不道德行为，更为关键的是，非正式契约能够减少对社会组织的监控和限制，赋予社会组织更多的灵活性和自由裁量权[⑤]。

S区Q社会工作促进中心利用组织在社会工作领域积累的资源，能够完成正式合同契约规定的诸如受益人次、活动场次等具体指标。更为重要的是，该组织将自己的专业发展视角融入项目内容中，并积极把一些服务项目的前沿理

---

① 黄晓春：《当代中国社会组织的制度环境与发展》，《中国社会科学》2015年第9期，第146-164页。
② 曹俊：《我国政府购买服务中的契约责任失效问题研究》，《江苏社会科学》2017年第5期，第124-130页。
③ 周俊：《公共服务购买中政府与社会组织合作的可持续性审视》，《理论探索》2019年第6期，第5-12页。
④ 黄晓春：《中国社会组织成长条件的再思考——一个总体性理论视角》，《社会学研究》2017年第1期，第101-124页。
⑤ 叶托：《资源依赖、关系合同与组织能力——政府购买公共服务中的社会组织发展研究》，《行政论坛》2019年第6期，第61-69页。

念和经验做法告知项目委托方。在这样的互动中，该组织其实是在呈现自己的专业能力和实践能力，政府就会把绩效目标告知社会组织，而组织也会在完成项目目标的基础上，努力达成政府部门的绩效目标。交换的结果是，社会组织"超额"完成合同契约，展现自己专业的项目执行能力，政府部门出色完成公共服务任务，获得"块"上政府和"条"上上级政府的肯定，这对于社会组织来说是一个理想的履约，因为这为社会组织获得更多的契约奠定了交换基础。总体上来说，专业型社会组织能够很好地应对正式合同契约的要求，并在此基础上，将注意力更多地分配在"对接"部门需求中形成的非正式契约，值得注意的是，在实际的契约关系中，非正式契约往往比正式契约更重要。

二、探索制度空间：专业型社会组织参与社区治理

公共服务模式的变迁中，社区成为公共服务的中间递送者，这是因为社区有其资源基础和结构优势。改革开放以来，在国家政权建设的过程中，基层社会发育也获得了空间①。首先，社会力量和市场力量在社区中获得了资源汲取、利益表达的空间，尤其是各种基于共同兴趣爱好或者一致价值诉求的社会组织涌现，为社区生活增添活力的同时，也以公益或者互助的形式为社区居民提供了服务。其次，国家越来越意识到社区在政权建设中的基础性位置，把行政资源逐步下沉到社区，使社区获得了更多治理资源，夯实了政权基础。再次，社区是当前社会领域最具活力的组织场域。社区适应中国的社会分层新格局及区域间差异扩大的现实，社区层面的服务能够同时兼顾多元化的市场需求与一元化的最低生活保障。同时，社区是人们日常互动较多的地方，地域的优势和共同利益的存在，使社区层面容易形成社会支持网络②。

政府向社会组织购买社区服务，是将制度与生活进行连接，并试图塑造二者关系的一种制度尝试。具体来说，治理者希望通过政府向社会组织购买社区服务，解决基层政府公共服务绩效不高、社会组织能力不足、社区活力不够的三重问题，进而实现政府与社会组织合作供给社区服务，实现社区活力与秩序并存。实践中，这一制度对社会组织发展产生了重要的影响。一方面，政府向社

---

① 李友梅：《社区治理：公民社会的微观基础》，《社会》2007 年第 2 期，第 159－169 页。

② 杨团：《中国的社区化社会保障与非营利组织》，《管理世界》2000 年第 1 期，第 111－120 页。

会组织购买社区服务,培育了一批社会组织,增添了社区的活力。首先,政策的扶持之下,出现了一批与居民生活需求紧密贴合的社会组织,这些社会组织通过承接服务项目,获得了组织发展的"第一桶金",困扰社会组织的资金、场地等问题得到了有效的解决。一系列鼓励性的政策使有志于社会创业的社会成员更加有信心加入到公共服务提供中,希望在这个社会空间中实现个人的价值和社会情怀。其次,社会组织加入到社区治理中,提升了居委会的专业能力,社区项目的开展增加了社区组织与居民、居民与居民之间的社会互动,社区的社会资本得到了不同程度的激活。另一方面,政府尤其是"区—街"层次的基层政府,对社会组织承接公共服务项目有现实的需求。研究表明,行政体系内部上下级治理模式存在张力,基层政府把购买社会组织服务当作重塑自身灵活性与弹性的策略,通过发展社会组织来解决自身遇到的难题,"借"社会组织之"道"以解决自身遇到的治理问题,进而形成"借道"机制[①]。在政府购买服务所带来的制度空间和基层政府的策略性需求的双重推动下,一个围绕着政府部门事务性工作的"项目市场"逐步形成,那些具备专业能力、能够帮助政府解决问题的专业型社会组织,获得了发展的空间,参与到了社区服务与管理中。

近年来,上海市各区在探索符合特大城市社会治理新路子方面都有各自的建树,出现了一些典型经验。S区的社会治理中,社会工作领域的成绩比较突出,社会工作持证率在上海市郊区中名列第一。S区民政局对于推进社区工作者的专业能力比较重视,希望通过各种培训来提升社区工作者和社会工作队伍应对城市治理问题的能力、高效高质量完成服务项目的能力。Q社会工作促进中心的核心服务定位在社会工作领域,该组织与高校的社会治理方面的专家有广泛的联系,有做培训、做服务指导的充分人力资本,体现出良好的专业优势。由于社会组织管理体制的行政分割和限制竞争特征,Q社会工作促进中心在S区成绩非常显著,"吸引"了政府部门的交换注意力和意愿,增加了获取政府公共服务项目的可能性。

与市场的组织生态相似,公共服务项目契约的获得总是会伴随着一定的竞争。但是,公共服务领域是一个不完全或者不充分的市场,服务项目的发包方

---

① 黄晓春、周黎安:政府治理机制转型与社会组织发展,《中国社会科学》2017年第11期,第118-138页。

有各种理性的权衡，社会组织的专业能力是一个考量，社会组织负责人的可靠性、忠诚度却也是一个重要的考量。Q社会工作促进中心在参与社区治理时，一方面不断展现和加强组织的专业能力，另一方面通过各种方式发展出与项目委托方的信任，发现组织的发展空间并去维护这个空间，防止竞争者的进入。在谈到为什么会把区里面的培训项目持续性地发包给Q社会工作促进中心时，S区民政局的一个科长谈道：

> Q社会工作促进中心的第一个培训项目其实是这个社会组织里面的一个理事过来跟区民政局谈下来的，这个理事在上海市的社会工作领域有较高的威望，有他的推荐，再加上Q社会工作促进中心提供的培训讲师的名单，阵容十分强大。第一个培训项目做下来，的确操作得当，组织负责人跟局里面的沟通也比较积极，培训项目受到的上级评价也比较高，很多重磅学者的参加提高了我们培训的能级。所以后来很多培训项目都交给这个组织做，一个是他能请到很多知名专家学者，一个是他也善于邀请一些专家学者到我们局里做顾问，指导我们的工作，这对局里的工作是有帮助的。现在你说别的社会组织来承接这些培训项目，做也是能做，但是没有打过交道，不放心，不了解。

诸如社区工作者培训等属于民政部门的事务性工作，这一类别的项目对承接的社会组织的专业性有较高的要求。Q社会工作促进中心抓住了这个政府需求，并且在交换的过程中为政府呈现了特别有吸引力的服务内容，实现项目目标和部门绩效的同时满足，为自己赢得了组织发展的制度空间，并不断提高专业性来避免其他社会组织的竞争。

第二节　"为更好的生存而竞争"：专业型社会组织的认同

一、政府的帮手：公共服务项目的执行者

专业型社会组织相比于其他类型的组织，其专业能力更强，与政府讨价还价的能力或许更强。但是，我国社会组织结构中基金会比例偏低、基金会整体规模弱小，尤其是在基层社区层面，社会组织很难直接汲取基金会的资源，整体环境中专业型社会组织发展所需的合法性、资金、场地等关键资源由政府掌握，专业型社会组织对政府亦存在非对称的依赖。在公共服务的购买中，政府主导

着项目目标和项目内容的设定,社会组织的自主性培育在项目化运作中往往被忽略,赋权社会组织、赋能社区在实践中沦为空谈。专业型社会组织实际上是公共服务的执行者,组织认同可以概括为是政府的帮手。

当然,专业型社会组织并不是在成立之初就确认了这样的组织认同。社会成员在进行社会创业时,基于对社会治理或社会工作专业知识的了解,产生了发起成立专业型社会组织的想法。发起者和核心成员对组织认同的设定,经过了与其他利益相关的行动者的互动,得以逐渐确认下来。Q 社会工作促进中心的前身是一个专注于社会工作者成长陪伴、社工组织机构能力发展和社工行业研究与倡导的支持性社会组织,旨在通过搭建社会工作者的陪伴平台,提升社会工作者的专业能力,培养社会工作者自助、互助及自决的精神,加强社会工作者之间的凝聚力,培养社会工作者的民主参与意识能力,以提高行业的社会服务水平,解决社会问题并促进社会进步。这个组织定位的表述传达了组织要通过自身发展去涵育社会的认同,即追求组织自身的专业能力是基础,目标是超越组织自身寻求行业价值和社会价值。

然而,在组织的运作中,关键发展资源的汲取迫使组织做出折中和妥协,重新确认了组织认同。支持型社会组织并不直接操作服务项目,而是为某一领域或某几个领域的社会组织提供能力建设、技术支持等服务和资金、场地等资源,召集、帮助社会组织共同解决社会问题,完成组织使命[①]。当时,Q 社会工作促进中心的前身还处于初创期,再加上组织的草根背景,还不具备召集其他社会组织的影响力。同时,在 P 区,政府创建了一些支持社会组织发展的平台,与政府背景的平台相比,该组织能够提供的支持十分微弱,发展空间受到限制。该组织曾经的想法是做一个社会组织的联盟,把社会工作机构和人员汇集到自己的组织平台上,可是由于得不到其他社会组织的充分回应,想法搁浅。多年以来,Q 社会工作促进中心的前身发展并不理想,直到后来连组织的生存都成为问题。后来与 S 区接触之后,组织负责人决定把机构放到 S 区,把服务领域聚焦在政府所需的服务上,以具体承接政府购买公共服务项目来获得发展。可以说,运营社会组织的实践经历让专业型社会组织看到了制度环境和强势行动者的影响,进而做出了折中甚至妥协,重新确认了组织的认同。Q 社会工作促

---

① 张丙宣:《支持型社会组织:社会协同与地方治理》,《浙江社会科学》2012 年第 10 期,第 45 - 50 页。

进中心主任说道:

> 那时候,我和几个志同道合的兄弟是充满创业激情的。我们看到有不少的社会组织和社会工作者,但是大家都是单打独斗,没有形成资源的集合,做事情的效果就打了折扣。我们受过专业的训练,也有专业人士的支撑,想和企业那样,做一些资源平台能做的事。我们还是太年轻了,对政府发展社会组织的思路了解不够多,对社会组织发展的困难没有看深入,工作不够务实。我们想帮助其他社会组织和为这个行业做些事,后来发现组织自身是最需要帮助的,我们需要做政府的帮手,去获得一些发展资源。先让组织能够立足,积累立身之本,然后找机会做一些突破。我们的情怀一直都在,能力和资源到位之后,我还是会把最初的想法实践出来,但现在肯定还不是时候。

Q社会工作促进中心把服务领域集中在了S区民政局的事务性工作上,通过承接服务项目,帮助民政局和街道实施服务项目,并在执行项目的过程中尽力解决一些治理难题。

二、社会组织中的强者:达成组织目标

做政府的帮手,也是做强社会组织的机会。社会组织数量的增加,使公共服务项目的承接有了更多的选择,专业型社会组织只有在竞争中不断地胜出,才能够维持交换关系,守卫组织自身的利益。

S区民政局2021年1月份,联合区委组织部、区委政法委员会、区精神文明建设委员会等6个部门,联合下发了《S区关于推进"幸福家园"社区治理提升计划的指导意见》,其中一项计划任务为"社区社会工作室能力提升计划"。该计划的主要任务是在全区所有居村推进社会工作室建设全覆盖,传播社工理念,发现社区需求,加强队伍建设,推进项目落地,参与社区治理、组织居村社会工作者分批次开展能力建设提升项目,进一步提升社区社工人才专业素养和实践能力、居村社会工作室的专业化能力。这个计划任务中的能力培训正是Q社会工作促进中心近几年的优势领域,所以该组织势在必得。而对于居村社会工作室的样板打造,由于合同期限是3年,资金总额超过150万,该组织也跃跃欲试。

S区辖区内,以社会工作为专业领域的社会组织中,有4家实力比较强,他

们都具备开展培训和建设社会工作室的能力。在与政府的沟通中，Q 社会工作促进中心把自己前期已经开展过的类似项目作为重要的展示，把项目取得的令人满意的成果作为重要筹码。沟通期间，Q 社会工作促进中心召开了一次 S 区社会治理高层座谈会，邀请上海市社会工作协会会长、2 位理事、上海市民政局副局长、2 位知名高校学者。这些人士的到来，为 Q 社会工作促进中心的声望和专业能力增加了分数，也让政府看到了该组织相对于其他备选组织无可比拟的优势，强化了政府对该组织的忠诚度和专业度的信任。

Q 社会工作促进中心获得了居村能力培训项目，也获得了居村社会工作室的样板打造——C 镇社会工作室建设。该组织在获得这个项目之前，并没有与 C 镇有过业务往来，而 A 组织已经与 C 镇有过 1 年的接触。A 组织在谈起 C 镇社会工作室建设由 Q 社会工作促进中心承接这件事时，失落的心情仍然十分明显：

我们机构在 C 镇做了近 1 年的公益服务项目，与 C 镇的主要负责领导在社区治理、社工发展方面达成了不少共识，各方面都进展得比较顺利，镇里面希望我们能够在这里长期做项目。C 镇由于前期经费预算少，前期只给了我们 2 万项目经费，我们看到这里合作前景好，非常认真地做项目，我自己倒贴了不少，但是我看到项目做得效果好，心里是非常高兴的，镇里面对我们的项目服务能力和专业能力表示很认可。C 镇因为有我们的支持，一直积极向区里申请居村社会工作室样板打造项目，最后得到了区里的支持，但是没有想到，区里面委托了另外一个他们并没有接触过的社会组织，来街道做具体的项目指导和项目实施。对于我这个机构来说，只能放弃与 C 镇就该项目的继续接触。

Q 社会工作促进中心在能力培训和社会工作领域的强势，引起了 S 区许多社会组织的注意。当然，这其中也包含着对该组织的不满情绪。Q 社会工作促进中心作为一个专业型社会组织，与政府部门的关系保持得十分密切，常常在与其他社会组织没有任何沟通、与居村没有任何沟通的情况下，凭借政府的熟识和信任，不考虑一些社会组织前期已经在居村积累的工作基础，而把一些重要的项目竞争过来。Q 社会工作促进中心在实施项目的过程中，本来可以邀请其他社会组织进行业务合作的，选择从组织内部解决，以节省成本。这样，Q 社会工作促进中心就强化了自己作为项目竞争者的身份，而忽略了自己在组织生态和社区发展中的贡献。

Q 社会工作促进中心 2018、2019 年连续获得承办 S 区"公益伙伴日"项目，这个项目的目的是加强社会组织之间的合作、加强社会组织与居民和其他公益力量的沟通。但是在 2018 年社会组织专场的当天，到现场来布展参展的社会组织数量比往年明显减少。在访谈中，很多社会组织表示很愿意来参加这个活动，因为可以在这里宣传和展示自己，让政府和居民等更加熟悉自己，但是很多社会组织并没有收到邀请。2019 年，即使是收到邀请的社会组织，在现场的表现只是简单应付，没有投入足够的热情。某组织负责人认为，"公益伙伴日"已经慢慢失去了这个项目本身的价值。

以前的"公益伙伴日"非常热闹，区里做得比较好的社会组织都会收到邀请，大家把组织最有代表性的东西拿过来做义卖、做宣传，还会动员社区居民和志愿者过来参加，社会组织把它看作我们自己的节日。现在不同了，承办单位精打细算，现场布置简单，居民和志愿者都变少了，"公益伙伴日"办成了一个参与度比较低的仪式性活动，对于社会组织的兄弟姐妹们，对于公益伙伴来说，内涵不充实了。

Q 社会工作促进中心并不是没有专业能力去执行让社会组织和公益伙伴都满意的项目内容，组织是有自己的打算。"公益伙伴日"项目的执行不同于其他服务项目，首先是项目本身比较注重仪式要件和程序，其次是该项目要给社会组织伙伴们搭台唱戏，让社会组织能够极大地展示宣传自己。Q 社会工作促进中心出于竞争的考虑，只保留了其他社会组织最低程度的参与，尤其是对于那些具有较大竞争潜力的社会组织，干脆不邀请他们过来，不给他们在这个平台上展现自己的机会。因此，社会组织所期待的"热闹"场景并没有出现，Q 社会工作促进中心在完成项目契约的前提下，悄悄达成了组织自身的理性计算，即避免其他社会组织的显著呈现，对平台支持这一项内容进行了压缩。

第三节　为了更好的交换：专业型社会组织的选择能力

一、聚焦政府资源

专业型社会组织的发起成立来源于公共服务某一领域的服务需求，以及组织对自身专业服务能力的判断,希望能够在公共服务的"市场"中稳定地获取一定的"份额",保持对于政府来说有吸引力的专业优势。此外,专业型社会组织如果能够获得政府的扶持和培育,对组织的生存和发展来说也十分重要。因此,组织的选择能力集中地体现为对于公共服务项目和具体扶持的获取。

(一)获取政府的扶持和培育

我国对于初创期的社会组织有一系列的扶持和培育政策,能够帮助组织实际地运作起来。上海市在各个区实现了社会组织服务园(孵化园)的全覆盖,入驻于此的社会组织可以在一定的期限内免费或者按照一定的比例使用办公场所,而且民政局在公共服务购买中会格外关注这些入驻的组织,帮助他们平稳度过初创期。哪些社会组织会最终入驻社会组织服务园呢?政府有筛选的原则,比如社会需求度高、社会组织服务潜力大、社会组织发展前景好等,这就需要政府对社会组织有充分的了解。

Q社会工作促进中心在成立之初获得了入住S区社会组织服务园的机会,这不仅降低了组织的运作成本,还获得了组织规范化运作的指导和帮助,为组织后面的发展和更好地做政府的帮手奠定了基础。Q社会工作促进中心的主任说道:

组织登记注册的过程中,我与S区民政局的人员进行了多次的交谈,我把我在P区的项目经历告诉他们,也谈了自己对S区社会工作和社会组织发展的想法。几位领导对我这个人和我的工作思路还是比较认可的:首先我是社会工作专业科班出身,并且一直和上海、深圳等地的社会工作专家和业内同行有密切的交流与合作,是站在社会工作领域前沿的;其次我有近十年的社会组织运作经验,这是我的组织和S区其他几个社会工作领域的组织的不同之处,那几个组织都是刚刚成立的。所以,S区民政局对我和我这个组织的期待比较高,希望我们能够带动S区社会工作专业能力上一个新台阶。我这个组织入驻社会组织服务园,的确解决了办公场所的问题,节省了一笔不小的开支。另外,服务园还经常为园区内的社会组织开展关于财务规范、年检要求等的培训,给了组织很多实际的帮助。

入驻服务园之后,Q社会工作促进中心积极地参加园区组织的各项公益活动,响应政府提出的多个志愿服务号召,用良好的行为表现作为"报酬",回馈了政府扶持。反过来,Q社会工作促进中心也得到了组织的"报酬"——政府的启动项目。S区社会组织服务园对入驻社会组织的考核指标有十一项,共计100分,其中第六项为"本年度承接政府购买服务项目",最高分为15分,当年评为3A及以上的社会组织可以获得15分,至少承接3个项目的可以获得12分,至少承接1个项目的可以获得10分。对于入驻社会组织服务园的社会组织,政府给予了一定的期待,因此,政府一般会给入驻的社会组织一个启动项目,希望这些经过筛选的社会组织能够获得真正的发展,这样,组织就能够通过项目运作来展现自己的专业水平了。

Q社会工作促进中心的启动项目是2016年某镇的"社区治理和民生服务需求调查"项目,当时正是上海市的"创新社会治理加强基层建设"深入推进阶段,其中明确提出重心在基层社区,基层社会治理应坚持以民生为本。该镇希望通过这个项目,了解社区居民需求构成及其对社区各项工作的满意度,为社区公共服务项目的立项、开展提供参考,为孵化、培育、引进社会组织提供方向。了解了项目的核心目标之后,Q社会工作促进中心开始考虑如何实施,最后选择了一种难度最大但是信息采集最为科学客观的方式:入户问卷调查。组织与一个大学的教授研究团队进行合作,一起与该镇的主要负责领导进行了详细的项目对接。教授团队负责问卷设计、概率抽样和实地访谈,社会组织负责多方协调。经过两个月的时间,他们在该镇下辖的26个社区居委会完成了1 000份问卷调查,撰写了详实清晰的调研报告,更为可贵的是,在调研报告的最后,他们提出了呼应该镇社区居民需求的社会组织培育和民生项目建议清单。该报告经历了三次修改,最后一次的修改中,他们邀请了市委党校熟悉基层实践的专家,来对报告展开研讨。Q社会工作促进中心把这次项目运作过程中,镇政府领导的支持、教授团队的专业支撑、社会组织的协调等写成一篇报道,发表在了在基层社区治理方面颇有影响力的报纸上,为该镇社会治理工作做了很好的宣传。可以说,项目的结果远远地超出了预期,展现了社会组织良好的责任心、严谨做事的态度和追求卓越的品格。该镇主管社区工作的领导和科室人员对该组织的项目运作赞不绝口:

这个社会组织在非常认真地做项目,而且它的目标不是把项目完成就结束,而是把项目做亮。我们能感受到社会组织在做项目的同时也是在帮助我们提升工作能力,给我们引荐一些优质的治理资源。我们包括居委会从这个项目中学习到了社区治理的很多理念和方法,对民生服务项目有了更深的认识。这个项目实际开展下来的花费,超出了合同百分之二十,这个组织自掏腰包把项目做到这个程度,真的是不错。我们希望以后再与这个组织合作。

Q社会工作促进中心在成立伊始,就聚焦于政府可以提供的资源,凭借专业能力,获得了政府的扶持和培育,并在启动项目中表现优异,获得了好口碑,为后续项目的获得提供了条件。

(二)"跑项目"

生存下来的社会组织需要有新的项目才能够获得进一步的发展,获得项目就意味着与社会组织同行的竞争和对政府吸引力的维持。在政府主导和社区需求采集不充分的条件下,专业型社会组织为了解决发展问题而出现"跑项目"的现象,即发展出组织策略,采取正式契约和非正式契约两条路径并行的方式,巩固和拓展与政府的资源交换。

获得正式契约,链接政府资源。政府对社会组织有服务专业性的需求,社会组织对政府购买服务项目有经费、实践经验和声誉的需求,专业型社会组织的选择能力首先就体现为是否能获得政府购买服务项目的契约合同。Q社会工作促进中心的重点服务领域是社会工作相关事务,这与S区民政局的工作重点相吻合,为组织获得项目提供了契机。由于对上海和本区社会工作领域的工作思路比较熟悉,在公共服务项目正式发包之前,组织就准备好了详细的项目方案,开始与区民政局密切对接。当然,区民政局之所以愿意与这个组织进行对接,是基于该组织在启动项目中的优异表现。针对局里面提出的项目设想,该组织并不是一味地迎合,而是会在原有基础上提出社会组织领域最新的思路和做法,起到了带动政府更新项目运作理念的效果。同时,Q社会工作促进中心也会把项目内容朝有利于组织资源的方向去谈,尤其是自己的组织能做到而其他组织暂时还做不到的内容,这样,一方面展示了组织的优势,另一方面也削弱了其他潜在竞争对手的竞争力。社区居民在追求美好生活的过程中,对社区治理者也提出了更高的要求,政府需要主动学习,以应对治理能力不足所带来的挑战。在这个能力提升的过程中,如果有专业型社会组织可以借力,那么治理绩效容易得到一定程度的提升,而这个可以借力的社会组织就会比较稳定地获得项目。

2020年"社区社会工作室能力提升计划"的C镇社会工作室样板打造项目初期，区民政局只设计了大致的框架，对于工作室需要具备哪些要素、可以做出哪些亮点并不是很清晰。Q社会工作促进中心综合国内先行地区的特色亮点，提出S区社会工作室以"幸福家园"为主旨，结合本区基础，提炼"幸福"的S区版本，围绕这个版本提供社会工作服务。社会组织找机会向民政局的负责领导递交了项目设想。该项目设想兼顾了政府的政绩考核和基层社区的能力提升，列出了社会组织可以做到哪些，街镇和居民区可以做到哪些，打开了政府的工作思路，再加上项目设想的操作性比较强，解决了政府的一些疑虑，助力了政府的工作，而Q社会工作促进中心也比较顺利地获得了这个项目。

发展非正式契约，维持政府资源。非正式契约是在多个正式契约的成功交换基础上发展起来的，也就是说，社会组织在执行多个项目的过程中，展示出了优秀的项目执行能力、沟通能力以及对于政府需求的周到考虑，与政府之间建立了信任、互惠等社会资本。非正式契约主要会对政府方的工作需求进行强调，会强调政府看重的项目内容和效果。非正式契约可能会增加项目服务的难度，但是如果能够达成这些目标，"报酬"是丰厚的：社会组织实质上变成了政府稳定的合作者，会对社会组织进行持续性的购买。Q社会工作促进中心承接了一次S区某街道的睦邻项目后，组织从之前项目的单纯执行者转变成了街道社区办的智囊，策划和完成了一系列的社区项目，为组织带来稳定项目的同时，也争取到了相对灵活的执行方式和可裁量空间，实现了从正式契约到非正式契约的转变。S区某街道社区办主任认为：

Q社会工作促进中心在承接我们的第一个项目时，展现出了很好的专业素养，组织工作人员也勤勤恳恳。街道领导十分关注这个项目，项目在中间经历了几次思路调整，这个组织的一些前期工作被推翻过几次，比较辛苦，但是在领导规定的最后期限，这个项目还是以令各方满意的形式呈现了出来，内容也比较饱满，社区居民说这个项目形式新颖，内容活泼，做得不错。从项目开展的过程中，我们政府工作人员也发现了我们原先项目运作思路比较老旧，有些市场资源和专家资源没有想办法去获得。Q社会工作促进中心有动员多方资源的能力，他们对区里面的工作思路理解得透，项目运作经验足。所以，后来我们就邀请他们来指导我们街道的民生项目运作,为街道社会治理实践出谋划策。有了这样一个放心而且能帮助我们的社会组织,我们的工作开展起来便利多了。我们把更多的精力放在了做好项目上,愿意给Q社会工作促进中心一个比较大的可以发挥的空间。

非正式契约超越了正式合同文本对社会组织的监督和控制,基于信任,政府给予社会组织一定的灵活性,社会组织也会倾向于为维持长期交换关系而把项目做得更好,来回馈这个非正式契约。政府与社会组织之间缔结起点信任和过程信任的同时,也是双方建构稳定交换,并走向合作的过程[1]。政府并没有承诺要给社会组织做什么项目,社会组织也没有提出要承接什么项目,但是双方在互动的过程中,政府对社会组织的专业能力和信任在增加,社会组织对政府的专业输入在持续,最终,社会组织会水到渠成地得到正式的契约合同。

二、发展专业资源

除了分配较多的注意力去聚焦政府资源,专业型社会组织还需要发展专业资源,保证组织自身在交换中具备较强的吸引力。专业型社会组织发展专业资源的途径主要有参加行业研讨、与高校合作、向企业学习。从Q社会工作促进中心专业资源的积累和使用来看,也主要是通过这三个途径来发展专业资源。

参加行业研讨,获取政策解读和前沿做法。Q社会工作促进中心积极参加上海市相关的行业研讨,组织是上海市社会工作协会的会员单位,定期参加协会的活动,了解社会工作领域的最新政策以及文件精神,熟悉行业动态。组织也经常参加国内其他知名社会组织发起的论坛和圆桌会议,掌握行业前沿动态,知晓其他社会组织的发展和经验做法。企业参与社区治理是社区共治的应有之义,实践中,一些企业有参与的意愿,但是项目发包方和执行方担心风险,阻碍了企业参与社区项目,也影响了社会组织从企业获取资源。Q社会工作促进中心主任告诉我们,在做项目之余,他自己和组织的其他几个同事,经常前往全国各地区观摩研讨,比如与深圳一个社会工作组织负责人的谈话中,组织获得了一个长期困扰项目运作的突破方法,组织尝试了在社区睦邻项目中引入社

---

[1]　王通:《起点信任与过程信任:政府与社会组织合作治理的双阶逻辑》,《理论导刊》2008年第11期,第20-26页。

区内企业资源，适度地在项目某个环节加入企业标识而又不影响项目整体效果，既拓展了项目运作的资金来源，吸引了企业参与社区治理，又丰富了项目内容，获得了项目发包方的认可。

与高校合作，补充智力资本和人力资本。高校的科学研究在理论上具有较明显的优势，而社会组织在实务上经验丰富，如果社会组织能够汲取高校的资源，那么对于社会组织来说，是智力资本和人力资本的有效补充。Q 社会工作促进中心主任曾经就读的本科学校，它的社会工作专业在全国比较有名，有不少知名的社会工作专家，这让组织比较便利地获得理论知识的支撑。学校有不少校友也在运营社会组织，彼此之间有比较多的交流沟通，业务上相互增进成为可能。Q 社会工作促进中心在做项目中，会与周边的大学在项目的某个环节进行合作。2018 年底，组织的一个专职人员离职，由于短时间内比较难找到合适的人员。组织与某高校的社会工作系进行洽谈，在该系中选聘了一位兼职人员，解决了组织的人力问题。在随后的街镇民生项目评估中，该系 3 名学生作为志愿者，参加了项目评估的组织和文书整理，为组织顺利完成项目提供了人力资本。鉴于学生对 Q 社会工作促进中心的实习和志愿者经历反响比较好，该校的社会工作系与 Q 社会工作促进中心签订了实习基地的合作协议，这样，社会组织就储备了可以动员的专业资源，提升了其与政府交换的能力。

向企业学习，优化组织管理流程。Q 社会工作促进中心主任也是一家网络公司的法人，他在运营社会组织时，会有意地把企业里面可以借鉴的做法用到项目运作中，优化管理流程。他的公司在 2019 年为全国各地的 30 余家社会组织提供了办公自动化系统，实现了 IT 助力行业发展。2020 年，公司把这套系统进行优化，为 S 区社会工作协会定制了一套办公系统。

第四节　专业型参与路径面临的挑战

一、专业型社会组织通过参与获得的赋权增能不够

不平衡的交换会出现地位和权力的分化，这种分化已经从学者对我国社会组织对政府的"非对称性依赖"和"协同而非合作"等的判断中可见一斑，呈现出我国当前阶段制度与生活互动中彼此力量的特征。专业型社会组织凭借专业

能力,比较活跃地参与到社区治理中,并与政府之间形成了密切的互动,但是,其通过参与获得的赋权增能不够。

当前我国社会组织发育程度不高的情况下,政府通过"社会协同"来优化社会治理,其政策预期至少应该同时包含政府治理效能提升和社会主体地位生长。通过考察当前推动社会协同的政府购买公共服务过程,发现社会组织数量的快速增长并没有带来社会主体地位的生长。理想的情况是,社会组织在承接政府购买公共服务过程中,依托提供服务一方面进入基层治理网络,走进居民,一方面获得与政府的协商权。但是绝大多数社会组织仅仅是作为垂直科层体系公共服务递送的一个环节,公共服务需求自下而上的反映、汇集和倡导功能受到了抑制,悬浮于社区治理网络①,因此,社会组织并没有从政府和公众那里获得足够的赋权和认可。在政府工具理性和社会价值理性的双重作用下,一些社会组织发展定位模糊,组织的自主性堪忧。

政府更多是在发展相应的"技术治理"而非"政治治理"。在前一种方式中,政府与社会组织之间只发生基于"运作性资源"的互动,即财政资金或硬件资源。在后一种方式中,政府与社会组织的互动则包括制度化、政治、权力等要素。在公共服务绩效评估中,各地政府纷纷建立指标体系,意图通过数据的精细化来增强公共服务的科学性,加强购买行为的合法性,展示政府社会治理的水平。仔细解读各地的考核指标,都是在强调公共服务的有效性,而对社会组织是否从中得到成长的关注明显不够,特别是社会组织治理相关能力的增强,比如与服务公众的沟通能力、与社区社会组织的协作能力、与政府的协商途径建设等。

二、专业型社会组织的自主性式微

项目制背景下,公共服务的发包方由各级政府部门组成,这些部门在设定项目的时候,多从政府治理的角度出发,对社会组织主体地位培育的意识缺失。同时,社会组织在项目运作中,缺乏进入社区治理结构的条件,转而借助行政力量在社区开展项目,其与基层政府之间的组织边界日趋模糊。

---

① 黄晓春:《中国社会组织成长条件的再思考—— 一个总体性理论视角》,《社会学研究》2017 年第 1 期,第 101 – 124 页。

在这其中，专业型社会组织把承接服务作为组织的核心工作，非常乐意接受政府部门"下发"的各种任务，形成一种稳固的依附性的形式性购买关系。组织常常在去年完成养老服务，今年承接青少年服务。有些组织负责人谈及此处的时候洋洋得意，认为组织的能力在增强，对于社会治理的重要性在提升。从深层次分析，这恰恰是社会组织的"短板"：无所不能同时也意味着不专业，包罗万象同时也意味着核心竞争力的缺失，这会造成社会组织在公共服务领域不具备制衡的能力。社会组织在获得相对高的合法性和稳定性下，资金来源越来越依赖政府及其业务主管部门，项目运作以体制内需求为导向，汲取体制外资源的能力薄弱。一旦由于组织"表现"而打破了信任，组织则岌岌可危。

随着体制内释放的治理资源越来越丰富，比如合法性、资金、场地等，社会组织如果不积极主动争取，组织原有的服务领域和服务对象可能会被其他社会组织抢占，而最终在"功能替代"的逻辑中失去生存基础。近年来，社会组织的服务领域随着政府行政事务的变化而变化，围绕着申请政府项目而设计组织发展。一些社会组织在汲取政府资源的过程中，发展出诸如多地注册、提高专业化服务能力的"通用性"等策略性行为，成为"跑项目"的能手。找到项目以后，在社区中做项目也并非易事。由于居委会与社会组织在社区服务方面存在潜在的竞争关系，再加上配合社会组织对于居委会来说是工作增量，专业型社会组织想要得到居委会的配合，更经济和有效的方式是运用上级政府的命令为项目运作开辟通道，结果导致居委会很难在项目运作中与社会组织"齐心协力"，往往是貌合神离。社会组织无法通过项目实质性进入社区治理结构中。社会组织在政府治理目标与组织目标之间进行选择和妥协，给社区居民一方的需求分配了最少的注意力，其社会性在悄然衰落，附着在其上的自主性就无从谈起。

此外，社会组织的监督管理集中在民政部门，而服务发包方则分散在民政局、环保局、妇联、团委等部门。这一方面会造成社会组织对公共服务项目的认知偏差，社会组织的发展预期具有高度的不确定性，另一方面造成各个部门在社会组织的事权、责权方面不匹配，民政部门的监管责任过大。这对社会组织自主性的建构和自身发展会产生非常不利的影响，自由余地渐渐被侵蚀，自由余地的产生首先需要行动者熟悉某一组织场域的其他行动者，行动框架和行动后果，然后在充分认知的基础上采取有意识的行动。这样，专业型社会组织一方面悬浮于社区治理结构,无法有效从社区汲取资源支撑和涵育社区,另一方面又受到项目发包方的规制和干预,自主性逐渐式微。

分析 Q 社会工作促进中心目前走过的历程,从组织生命周期的角度看,其正处于从成长阶段向成熟阶段的转换期。对于处于成长期的社会组织,其在价值观上更多选择自我强化,即追求组织自身的生存和利益。而社会组织如果要走向成熟,则需要超越单纯的自我强化而完成自我超越,在推进行业生态健康、涵育社会社区方面发挥积极功能[①]。因此,Q 社会工作促进中心在组织认同和选择能力方面,都需要面向成熟期进行再建构。如果组织单向地被自我强化的价值观主导,而放弃自我超越,缺少与同行伙伴的融合,疏离社会,那么将会无法应对深层次发展问题的挑战而顺利地走向成熟。

---

① 卢玮静、赵小平:《两种价值观下社会组织的生命轨迹比较——基于 M 市草根组织的多案例分析》,《清华大学学报(哲学社会科学版)》2016 年第 5 期,第 181 - 192 页。

第六章

不同路径的社会组织参与社区治理的共同困境
——基于 S 区指数化评估的描述

从前面个案研究对三条路径的分析中,我们可以归纳出:实践中,不同类型的社会组织存在着参与社区治理的路径差异,每一种参与路径都面临着一些挑战,存在着自主性不足的共同困境。这些挑战和困境是个案研究中的三个组织所特有的,还是三种类型社会组织普遍存在的? 因此,有必要对定性分析得出的结论进行验证。

本部分将不同个案涉及的"参与"问题和现象纳入评估模型,采集 S 区现有 369 个社会组织的客观数据,展开指数化评估,验证个案研究的结论,以客观地呈现参与诸要素之间的关联。基于此,从"参与"的内涵出发,在对已有研究进行梳理和分析的基础上,提出"合法性—有效性"这一连通"制度"与"生活"的总体评估框架,在此基础上构建社会组织参与社区治理的评估模型,论证评估指标的选取,并在上海市 S 区进行实证分析。对社会组织参与社区治理进行指数化评估,能够通过"参与"的不同维度来考察制度的实施效果,以及社会组织在制度供给下产生的实际参与后果。

对社会组织参与社区治理进行指数化评估的条件已经具备。社会组织参与社区治理在我国尤其是上海已经实践多年,目前,学界和实务部门关于社会组织和社区治理的讨论十分丰富,但对社会组织参与社区治理的绩效还关注不够,从而无法科学地把握社会组织发展对于社区治理和治理能力现代化的促进情况,无法采集社会组织提供服务对于人民群众认同感、参与感、获得感的增强情况。随着社会组织的发展和社区治理的推进,具有前瞻性的实务工作者和学者越来越感到建立一种科学有效的评价模型进行指数化评估的迫切性。

开展指数化评估本研究需要围绕两个方面的具体问题展开思考:指数化评

估的理论框架如何反映制度与生活的相互调适和"制度与生活"范式对自主性的关照？从哪些维度来测量社会组织参与社区治理的绩效？本部分构建了"合法性—有效性"的绩效评估框架，从参与支持、参与成长、参与贡献三个维度展开了社会组织参与社区治理的绩效评估。

第一节　社会组织参与社区治理的绩效评估框架

一、绩效评估作为政策工具

在国外，绩效评估被认为是改进公共服务质量、提升社会治理效能的一项重要技术和方法，社会组织参与的绩效评估主要体现在各种公共服务评估和顾客满意度指数之中。从评估视角来看，受"新公共管理"和"新公共服务"两大思潮的影响，国外社会领域绩效评估存在明显的"以组织为中心"和"以公众为中心"两大取向，"以组织为中心"的评估关注组织活动投入、产出和绩效，常见的如"3E"模型（Economy，Efficiency ＆ Effectiveness）和"IOO"模型（Inputs，Outputs ＆ Outcomes），"以公众为中心"的评估关注服务过程中公众的感知和满意度，其中影响较大的是"SERVOQUAL"服务质量分析框架和美国顾客满意度指数（ACSI）[①]。由于治理结构、服务体系和社会情势大相径庭，照搬国外理论和模型显然是不合时宜的，有研究者指出，西方绩效评估体系在价值偏好、指标测定和测量路径存在缺陷[②]，但这并不妨碍我们在绩效评估研制理念和方法上的借鉴并进行本土化的建构。

在国内，国家治理领域的绩效评估研制已经有了一些积累，目前比较有影响力的，如中国人民大学自 2007 年开始发布的"中国发展指数（RCDI）"、北京师范大学提出的"人类绿色发展指数"[③]、南开大学研发的"国家治理质量监测

[①]　张欢、胡静：《社会治理绩效评估的公众主观指标体系探讨》，《四川大学学报（哲学社会科学版）》2014 年第 2 期，第 120 - 126 页。

[②]　高奇琦、游腾飞：《国家治理的指数化评估及其新指标体系的构建》，《探索》2016 年第 6 期，第 149 - 156 页。

[③]　李晓西、刘一萌、宋涛：《我国绿色发展指数的测算》，《中国社会科学》2014 年第 6 期，第 69 - 95 页。

指数"①以及中央编译局俞可平团队提出的"中国国家治理评价指标体系"。相比较而言,社会治理领域的指数化评估的研究成果较为匮乏,关于社会组织参与社会治理评价的系统性研究尚未发现,但一些具有前瞻性的学者在相关领域评估研究中对此已有涉及。如俞可平在"中国社会治理评估指标体系"中把社会组织参与社会治理情况作为社会参与的重要维度,并从"社会组织发展状况""社会组织的制度环境""万人社会组织数量""社会组织对国家政治生活的影响"等方面进行了指标设计②;徐家良教授团队自 2014 年开始每年发布的《中国社会组织发展评估报告》,从社会组织"工作绩效"和"社会评估"维度对不同类型社会组织参与社会治理的工作绩效进行了分类评估,也为我们建构一个社会组织参与社会治理的绩效评估体系提供了重要借鉴。

　　此外,已有的关于社会组织参与社区治理的研究虽未直接涉及绩效评估,但其讨论的问题、现象及研究发现对绩效评估研究亦极具启发价值。理论界一般认为,1949 年以来中国社团管理政策和治理技术虽几经调整,但并未脱离"控制"与"支持"并存的主线③。一方面,"威权体制"决定国家必然对社会组织活动进行一定的控制和干预④,社会组织自主性发展与社会参与受合法性身份⑤、资源配置⑥、制度安排⑦等合法性因素的影响;另一方面,"民生政治"又要求国家对公益性、民生类社会组织松绑⑧,此时社会组织自身的活动能力、服务效能很大程度上影响其参与水平。上述研究不难发现,"威权体制"与"民生政治"下的社会组织参与始终处在"合法性"与"有效性"的光谱之间,关于社会组

---

① 王永兴、景维民:《转型经济体国家治理质量监测指数研究》,《经济社会体制比较》2014 年第 1 期,第 115 - 126 页。

② 俞可平:《论国家治理现代化》,北京:社会科学文献出版社,2015 年,第 269 - 281 页。

③ 邓正来、丁轶:《监护型控制逻辑下的有效治理——对近三十年国家社团管理政策演变的考察》,《学术界》2012 年第 3 期,第 5 - 26 页。纪莺莺:《治理取向与制度环境:近期社会组织研究的国家中心转向》,《浙江学刊》第 2016 年第 3 期,第 196 - 203 页。

④ 周雪光:《威权体制与有效治理:当代中国国家治理的制度逻辑》,《开放时代》2011 年第 10 期,第 67 - 85页。

⑤ 王名、刘国翰:《中国社团改革:从政府选择到社会选择》,北京:社会科学文献出版社,2001 年,第 158 - 160 页。

⑥ 任艳妮:《多元化乡村治理主体的治理资源优化配置研究》,《西北农林科技大学学报(社会科学版)》2012 年第 2 期,第 106 - 111 页。

⑦ 孙涛:《当代中国社会合作治理体系建构问题研究》,济南:山东大学,2015 年,第 88 - 104 页。

⑧ 王向民:《中国社会组织的项目制治理》,《经济社会体制比较》2014 年第 5 期,第 130 - 140 页。

织参与的判断和绩效评估都必须考量这两个基本问题,并从二者之间的关系演进中说明社会组织参与的逻辑和水平。

与已有的社会组织发展评估和社会治理评估指标体系不同的是,本研究聚焦"参与",考察导致参与行为得以发生的前提条件和参与带来的后果,能够较好地反映社会组织与政府、社会组织与市场、社会组织与社会成员之间的关系,以及参与行为带来的社会成员对政府的信任、社会成员对社会组织的认可及社会组织自身能力的提升。从组织研究的角度看,"参与"的达成需要来自社会组织内部环境和外部环境的双重资源支持。比如,外部环境方面,政府购买服务收入及政府补助收入占社会组织年度总收入比率体现了社会组织获得政府资金支持的情况,社会捐赠收入占社会组织总收入比率体现了社会组织获得市场和社会成员资金支持的情况;内部环境方面,社会组织规范化建设水平和服务人员持证上岗率则体现的是社会组织在参与中获得的能力提升。也就是说,从"参与"来进行绩效的评估,可以把社会组织所置身的场域系统地考虑进去,做出一个整体的分析。

二、连接制度与生活:"合法性—有效性"评估框架

"参与"作为社会科学中广泛使用的概念,在西方的话语体系中常与"参与式民主"联系在一起。从价值取向来看,西方的"参与"评估更强调公民的个人成长和社会的主体意识,如 Samuel Paul 在 1987 年世界银行工作报告《发展项目中的社区参与:世界银行的经验》中,从收入增长、个人成长,自强能力提升和参与过程中形成的良好价值观等方面评价社区参与对利害相关者的影响。而中国本质上是一个"行政社会",在现有的社会体制和社会发育水平下,政府在社会治理中的主导作用和地位是毋庸置疑的,"参与"更多地强调其他社会主体在政府治理系统中的协同与配合。在这种条件下,社会组织参与被视为一种行动过程,既要解决来自政治权力、利益相关者以及社会公众对社会组织参与承认、支持的合法性问题,也要回应社会组织参与对推动社会治理现代化、改善公共服务的有效性问题。因此,在社会组织参与社区治理的评估框架中,必须同时回应参与的合法性和参与的有效性,因为其能够反映制度的规制调适能力和社会组织参与的真实水平。

（一）社会组织参与的合法性逻辑及其维度

"合法性（legitimacy）"发端于政治学领域，最早由马克斯·韦伯提出，用来阐释"统治的正当性"。20世纪60年代后，合法性研究的对象逐渐拓展至企业、非营利机构、社会团体等非政治组织，指"一个实体的行为在某一社会结构的规范、价值、信仰及解释系统中是合乎要求的、正当的"[①]。在舒曼（Suchman）、斯科特（Scott）[②]等人看来，合法性的内涵最少包含三个方面：一是合乎正式的规制（regulative legitimacy），即符合来自政府、协会等公共权力机构的法律、规章和制度；二是合乎非正式规范（normative legitimacy），符合来自社会的价值、道德、风俗和习惯；三是合乎公众认知（cognitive legitimacy），也即公众对组织存在合理性及追求目标手段正当性的普遍认知[③]。具体到中国情境中的社会组织参与社区治理的合法性，可以从以下两方面来理解。

制度支持方面。有研究指出，十七大以来党和国家虽然逐步强调社会组织在社会治理中的主体作用，但还未形成社会组织参与社会治理的顶层设计和管理架构，导致实践层面社会组织参与社会治理面临着松散且充满不确定性的制度环境，不同地区政府为社会组织参与社会治理塑造的制度环境存在一定差异，成为影响社会组织参与社会治理水平区域差异的重要原因[④]。从实践层面看，在中央鼓励政策频频释放的同时，各地方正逐渐形成社会组织参与社区治理的政策制度体系，如政府购买社会组织服务制度、社会组织参与组织化平台建设、重点培育"四类"社会组织发展等，对这类支持政策的观测能有效反映社会组织参与社会治理来自制度层面的合法性支持。

社会支持方面。社会支持指的是社会组织的参与行为因符合某种社会正当性而赢得一些民众、群体、机构的承认、支持乃至参与，对应的是斯科特（Scott）合法性三大基础中的规范合法性。在中国，社会组织虽活动在政府治理网络中，但却来自社会系统之内，它们与政府关系再密切、互动再频繁，也是

---

① 马克斯·韦伯：《经济与社会》，北京：商务印书馆，1997年，第370－375页。

② Suchman M C. Managing Legitimacy：Strategic and Institutional Approaches. *Academy of Management Review*，1995，20(3)，p.571－610.

③ Scott, W.Richard. *Institutions and organizations*. Thousand Oaks, California：Sage Publications，1995.

④ 黄晓春：《当代中国社会组织的制度环境与发展》，《中国社会科学》2015年第9期，第146－164页。周俊：《政府与社会组织关系多元化的制度成因分析》，《政治学研究》2014年第5期，第83－94页。

一种主导、协同关系,而社会组织参与社区治理应是以社会为本,通过吸纳社会资源来服务社区。因此,赢得一定范围民众的承认和支持,既是社会组织参与社区治理的出发点,也是社会组织参与社区治理的落脚点①。社会组织参与社区治理的社会支持是一个复杂的系统,包括浓厚的支持文化、完善的支持体系及多元化的支持网络等。从观测量化的角度,社会组织参与社区治理的社会支持情况可以从社会捐赠、媒体宣传和公众参与三个方面观测,社会捐赠可以从"社会捐赠占社会组织总收入比"反映,媒体宣传可以从"当地主流媒体中社会组织参与社会治理活动曝光频次"反映,公众参与可以从"注册志愿者占常住人口比例"中得到反映。

(二)社会组织参与的有效性逻辑及其维度

"有效性(effectiveness)"是一个经常与"合法性"成对出现的概念,合法性主要是评价性的,而有效性是工具性的。很多研究阐释了政治的有效性,如李普赛特认为政治系统的有效性就是实现基本功能的程度②;周雪光认为国家治理的有效性是国家意志、政策的准确、迅速执行与政策执行实现国家发展、社会平等的统一③。从中我们可以发现已有研究关于"有效性"两个维度:一是能力维度,即达成目标的能力;二是效果维度,即实现目标的程度。因此,社会组织参与社区治理的有效性,可以理解为"社会组织参与社区治理的能力与实际治理效果",具体可以从以下几个方面进行观测。

参与能力维度。实践层面的许多迹象表明,当前中国社会组织发展已经走上了快车道,社会组织作为"社会治理主体"被要求在社会治理体系中发挥更重要的作用,但这并非是一个理所当然的预设,社会组织在社会治理体系中的功能作用和治理效果与其自身的参与能力密切相关。在现有结构条件下,社会组织唯有具备这些能力条件,才有可能进行实质性的参与:一是成熟的组织治理能力,包括鲜明的机构愿景、健全的法人治理结构、科学的决策机制和品牌战略影响等,这些可以通过社会组织规范化建设评估结果进行观测;二是均衡的功

---

① 苏力等:《规制与发展:第三部门的法律环境》,杭州:浙江人民出版社,1999 年,第 319-320 页。

② 西摩·马丁·李普塞特:《政治人:政治的社会基础》,张绍宗译,上海:上海人民出版社,1997 年,第 55 页。

③ 周雪光:《威权体制与有效治理:当代中国国家治理的制度逻辑》,《开放时代》2011 年第 10 期,第 66-85页。

能活动领域,也即社会组织功能活动领域与各领域服务需求状况相匹配,实现均衡辐射,这可以通过万人社会组织数量和相应领域服务对象与社会组织数量比进行观测;三是专业化服务能力,在社会治理分工的大网络中,社会组织必须要有自己的领域和专长,才能实现有效参与,专业化服务能力可以通过社会组织服务人员持证上岗率进行观测。

参与效能维度。"社会组织参与社会社区治理"可以视为党和政府的一个改革实践,其中一个重要的目标就是优化公共服务。党的十六届六中全会提出"健全社会组织、增强服务社会功能",对社会组织参与的目标旨向进行了政策定位。党的十九大提出构建"共建共治共享的社会治理格局",进一步从战略上明确了社会组织参与社区治理的方向。参与效能维度反映了社会组织参与社区治理的产出,是社会组织参与社区治理有效性的直接反映。根据公共服务型社会组织参与社区治理的领域和实践,可以从三个方面来反映社会组织参与对公共服务提升的贡献情况:①服务供给数量和规模,如社会组织公益活动场次、服务人次占总人数比等;②目标群体状况的改善程度;③公众对政府公共服务领域工作的信任水平。

第二节　"合法性—有效性"框架下社会组织参与社区治理的评价模型

本研究试图以"合法性—有效性"为评估框架,将当前中国社会组织参与社区治理的诸要素纳入整体性考虑,其中合法性指向制度环境对于社会组织参与行为的支持和认同,在中国情境中包含制度支持、社会支持两个维度,有效性反映的是社会组织参与作为一种工具选择,对社会治理目标达成情况,包括参与能力、参与效能两个维度。总体而言,"合法性—有效性"的解释维度体现了学术界长期以来对社会组织参与的理论关注,也考虑了实践部门操作的需要。

需要进一步说明的是,在威权体制与民生政治等充满张力的结构背景下,合法性与有效性问题将长期贯穿社会组织参与各个方面,对社会组织参与社区治理的实践水平产生重要影响。李普赛特对政治稳定性的分析发现,合法性与有效性之于系统的稳定并非简单的线性关系,不同条件下的系统面临不同程度合法性与有效性的组合,短期的合法性与有效性并不必然地决定系统的稳定性,但是长期的有效性有助于维持合法性,有效性一再丧失,或长期丧失,将危及一个合法系统的稳定性①上述逻辑之于社会组织参与社区治理水平的考察同样适用,在社会组织参与社会治理实践中,合法性逻辑与有效性逻辑相互影响,长期作用于社会组织参与的绩效,具体如图6-1模型所示。

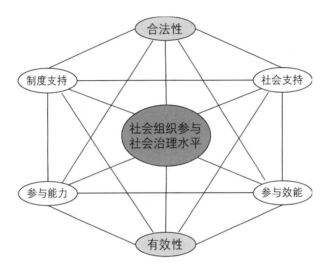

图6-1 "合法性—有效性"框架下社会组织参与社区治理的评估模型

　　社会组织参与的合法性逻辑、有效性逻辑及其相互之间的关系对参与治理绩效的影响可归纳为如下三对关系:①R_1:社会组织参与需要"创造有效性来累积合法性"。社会组织须形成自己的领域和专长,通过对公共服务的内容、方式和绩效的改善,来证明其参与相对传统一元化治理是一种更有效的工具选择,从而在更大范围、更大程度上获得来自政府、社会的合法性支持。②R_2:社会组织参与也需要在合法性中加强有效性。随着政府购买服务、组织化的参与平台、社会捐赠机制和公民参与等合法性条件的日趋成熟,社会组织参与的意志将得到更有效地贯彻和执行,同时真正带来社会发展与秩序。③R_3:"合法性"与"有效性"的动态均衡影响社会组织参与社区治理的绩效水平。社会组织

① 西摩·马丁·李普塞特:《政治人:政治的社会基础》,张绍宗译,上海:上海人民出版社,1997年,第55-60页。

参与社区治理既需要合法性层面的制度支持、社会支持等价值认同，也需要考虑有效性层面的参与能力和参与效能。一般而言，合法性、有效性水平越高，社会组织参与社区治理的绩效水平越高，但实践层面常常面临不同程度合法性与有效性的组合，决定了不同条件下社会组织参与社区治理绩效水平的差异。

一、社会组织参与社区治理评估的指标体系

开展社会组织参与社区治理评价的根本目的在于检视多年来发展社会组织的成效，科学地把握社会组织发展对于社会治理体系和治理能力现代化的促进情况。因此，社会组织参与社区治理评价指标体系，既要反映治理者促进社会组织参与社区治理的重大政策和部署，如政府购买服务、社会组织服务中心建设等，都应当在指标体系中有所体现；也要反映社会组织参与对社区治理和公共服务水平的增进情况，如扶老、助残、救孤、济困等民生服务；同时也要反映作为参与主体的社会组织的发展情况，包括组织网络发展、专业化发展等。所以，综合起来考虑，围绕着"参与"，课题组从参与支持、参与成长和参与贡献三个维度对社会组织参与社区治理进行评价。

确定了评价模型和评估维度之后，课题组借鉴国外公共服务领域较成熟的评价指标，同时结合本市社会组织参与社区治理的实际情况，通过小型座谈会、头脑风暴和专家打分等方法，细化各个维度的关注点，构建社会组织参与社区治理指标体系（表 6‑1），并通过小规模测验检查指标体系的信度和效度，并进行修正。最后形成一个含"评价对象""流程说明""评价指标体系""指标说明与评价办法""社会组织参与社区治理指数测算办法"等部分的社会组织参与社会治理评价体系。

表 6-1 社会组织参与社区治理评价指标体系

一级指标	二级指标及权重	三级指标及权重		数据来源
社会组织参与社区治理指数	A₁ 参与支持分指数 A₁＝0.5	A₁₁ 社会组服务中心规范化建设水平	A₁₁＝0.10	社会组织服务中心
		A₁₂ 购买社会组织服务占公共服务总支出比重	A₁₂＝0.15	社团局、财政部门
		A₁₃ 购买社会组织服务覆盖率	A₁₃＝0.10	社会组织服务中心
		A₁₄ 社会捐赠占社会组织总收入比	A₁₄＝0.05	社团局
		A₁₅ 注册志愿者占常住人口比例	A₁₅＝0.10	志愿者服务中心/文明办
	B₁ 参与成长分指数 B₁＝0.3	B₁₁ 每万人拥有社会组织数量(常住人口)	B₁₁＝0.06	社团局/统计部门
		B₁₂ 社会组织服务领域均衡率	B₁₂＝0.05	社团局/统计部门
		B₁₃ 社会组织规范化建设达标率	B₁₃＝0.05	社会组织服务中心
		B₁₄ 社会组织服务人员持证上岗率	B₁₄＝0.04	社会组织服务中心
		B₁₅ 社会组织发展可预期性	B₁₅＝0.02	社会组织服务中心
		B₁₆ 社区四类社会组织增长贡献率	B₁₇＝0.08	社会组织服务中心、街道
	C₁ 参与贡献分指数 C₁＝0.2	C₁₁ 社会组织服务人次占总人数比	C₁₁＝0.05	社团局/老龄委、残联等
		C₁₂ 社会组织公益活动场次	C₁₆＝0.05	社团局
		C₁₃ 社会组织公益活动支出占总支出比	C₁₇＝0.05	社团局
		C₁₄ 社会组织吸纳就业人员占总就业人数比	C₁₈＝0.05	社团局、就业促进中心

(一)参与支持维度

参与支持维度反映整体环境对社会组织参与社区治理的支持程度。在国内,社会组织作为主体角色参与社区治理的实践不长,社会组织自身发展尚不成熟,来自政府和社会的支持直接影响其参与社会治理的水平。课题组从上海市社会组织参与社区治理的宏观政策和社会环境出发,选取了 5 个指标来衡量环境对社会组织参与社区治理的支持程度。这 5 个指标是:社会组织服务中心规范化建设水平、购买社会组织服务占公共服务总支出比重、购买社会组织服务覆盖率、社会捐赠占社会组织总收入比重、注册志愿者占辖区总人口比重。

A_{11} 社会组织服务中心规范化建设水平

按照上海市推进社会组织参与社区治理的总体部署,社会组织服务中心是党委、政府联系社会组织和群众的重要桥梁和纽带,是服务社会组织参与社区治理的重要载体。近年来,在市委、市政府的高度重视下,全市大部分区(县)、街道(乡镇)已建立民办非企业单位性质的各类社会组织服务中心,在承接政府转移事项、整合各方资源、满足居民需求等方面发挥了积极作用。作为社会组织参与社区治理的重要支持平台,社会组织服务中心的规范化建设水平被认为是推动本地区社会组织参与治理的重要影响因素,一般来说,社会组织服务中心规范化建设水平越高,其在承接政府职能、整合各方资源、推动社会组织参与社区治理方面支持性越强。

指标计算方法:目前上海市已经形成了一套完备的社会组织规范化建设评估体系,可以根据规范化评估等级确定社会组织服务中心的规范化建设水平。

A_{12} 购买社会组织服务占公共服务总支出比重

大力推进政府购买服务是当前加快转变政府职能、创新社会治理和优化公共服务提供的重要举措,能够充分发挥社会组织在公共服务体系中的独特优势,激发社会组织参与社会治理的活力。目前,政府购买服务已经成为本市社会组织参与社会治理的重要路径,购买社会组织服务占公共服务总支出比重有助于衡量各级政府在推动社会组织参与社区治理方面实际努力程度。

指标计算方法:

$$购买社会组织服务占公共服务总支出比重 = \frac{政府购买社会组织服务支出}{公共服务总支出} \times 100\%$$

A₁₃ 政府购买社会组织服务覆盖率

如上所述，当前政府购买社会组织服务已经成为社会组织参与社区治理的一项重要推动机制，而作为一项重要机制其作用范围很大程度上影响着社会组织参与社区治理的程度。政府购买社会组织服务覆盖率能够反映政府通过购买社会组织服务推动社会组织参与社区治理的范围。一般而言，政府购买社会组织服务覆盖的社会组织数量越多，该项机制对社会组织参与社区治理支持力度越大，社会组织参与社区治理水平相对更高。

指标计算方法：

$$政府购买社会组织服务覆盖率 = \frac{承接政府购买服务项目社会组织数量}{社会组织总数} \times 100\%$$

A₁₄ 社会捐赠占社会组织总收入比

除了政府平台和机制，来自社会的支持对社会组织参与社区治理亦有重要影响。社会捐赠指的是来自社会的个人、法人或其他团体出于爱心自愿无偿地向公益性社会团体、公益性非营利单位捐赠财产、物资进行帮扶、资助行为。社会捐赠占社会组织总收入比能够反映社会对社会组织活动的支持力度。

指标计算方法：

$$社会捐赠占社会组织总收入比 = \frac{社会组织接受社会捐赠收入}{社会组织总收入} \times 100\%$$

A₁₅ 注册志愿者占常住人口比例

除了社会捐赠，来自社区居民的行动支持对社会组织参与社区治理也有很大影响，一般认为，来自居民的支持是社会组织开展活动的重要条件。现阶段，居民对社会组织的支持大都体现为志愿服务，因此，注册志愿者占辖区常住人口比例很大程度能够反映单位地区社会成员对社会组织参与社会治理的支持情况。

指标计算方法：

$$注册志愿者占辖区常住人口比例 = \frac{在册志愿者人数}{辖区户籍人口总数} \times 100\%$$

（二）参与成长维度

参与成长维度是指参与社会治理过程中社会组织发展状况。就社会组织参与社区治理绩效而言，发展社会组织既是提升参与绩效的一种投入，也是体现绩效水平的一种产出，因此参与过程中社会组织发展状况是衡量社会组织参与社区治理水平的重要维度,即,社会组织发展水平越高,其参与社会治理水平越高。可以用6个指标来反映参与过程中社会组织发展水平:万人社会组织数量、社会组织服务领域均衡率、社会组织规范化建设达标率、社会组织服务人员持证上岗率、社会组织发展可预期性和社会组织合作指数。

B₁₁ 每万人拥有社会组织数量

经过十多年的政策实践,社会组织作为社会治理主体角色逐渐被各级政府所认可。一定规模活跃的社会组织,既被认为是社会组织参与社区治理的重要前提,也是单位地区参与治理水平的重要体现。万人社会组织数量能够反映单位地区社会组织发展水平和活跃程度。

指标计算方法:

$$每万人拥有社会组织数量 = \frac{社会组织数量}{辖区户籍人口数 \div 10000} \times 100\%$$

B₁₂ 社会组织领域分布均衡率

随着经济社会发展和国家政策的鼓励,越来越多的社会治理领域正向社会组织逐步放开,这就要求社会组织的参与实现能够有效辐射社会治理各领域,实现各领域服务的均衡。社会组织领域分布均衡是指单位地区社会组织领域分布状况与当地各领域服务需求状况相匹配,而各领域服务需求状况可以通过各领域服务对象的数量来反映。

指标计算方法:

$$社会组织服务领域均衡率 = \sum \frac{领域内社会组织数量}{领域内服务对象人数 \div 10000} \div 领域数 \times 100\%$$

B₁₃ 社会组织规范化建设率

社会组织规范化建设是社会组织加强自身建设和能力建设,提高社会公信力的重要途径,社会组织规范化建设达标率可被认为是衡量单位地区社会组织参与治理能力的重要指标,一般认为,辖区社会组织规范化建设达标率越高,社会组织参与社会治理能力越强,参与治理水平越高。

指标计算方法:

$$社会组织规范化建设率 = \left\{ \begin{array}{l} \frac{5A\ 级社会组织数量}{社会组织总数} \times 0.4 + \frac{4A\ 级社会组织数量}{社会组织总数} \times \\ 0.3 + \frac{3A\ 级社会组织数量}{社会组织总数} \times 0.15 + \frac{2A\ 级社会组织数量}{社会组织总数} \times \\ 0.1 + \frac{1A\ 级社会组织数量}{社会组织总数} \times 0.05 \end{array} \right\} \times 100\%$$

B₁₄社会组织服务人员持证上岗率

社会组织专业化程度直接影响着社会组织参与社区治理的能力和水平,可以作为衡量社会组织参与社区治理水平的重要指标。社会组织专业化程度可以通过其内部服务人员专业化程度体现出来,也即社会组织服务人员持证上岗率越高,社会组织专业化程度越强,参与社会治理的能力和水平越高。

指标计算方法:

$$社会组织服务人员持证上岗率 = \frac{辖区社会组织持证服务人员数}{辖区社会组织服务人员总人数} \times 100\%$$

B₁₅社会组织发展可预期性

社会组织发展可预期性是指社会组织对所属领域发展前景和长期态势有着乐观的判断和良好的预期。作为一个理性组织,社会组织会根据对领域发展前景的判断进行合理投入,也即发展可预期性决定了社会组织能否在所属领域进行足够的投入,这进一步影响了社会组织参与社会治理的深度和可持续性。单位地区社会组织发展可预期性可以通过社会组织承接政府购买服务项目的持续率体现出来,一般来说,持续率越高,社会组织发展可预期性水平越高。我们把社会组织承接政府购买服务项目的持续性界定为"连续三年及以上承接同一领域服务项目"。

指标计算方法:

$$\frac{社会组织发展}{可预期性} = \frac{连续三年及以上承接同一领域服务项目的社会组织数}{参与政府购买服务社会组织总数} \times 100\%$$

B₁₆社区四类社会组织增长贡献率

社区生活服务类、社区公益慈善类、社区文体活动类和社区专业调处类社会组织的服务与居民的社区日常生活息息相关,四类社会组织的准入门槛降低后,它们的数量显著增加,其在新增社会组织中所占的比例能够客观地反映这四类社会组织的成长。

$$社区四类社会组织增长共享率 = \frac{辖区本年来新增四类社会组织数}{辖区本年来新增社会组织总数} \times 100\%$$

(三)参与贡献维度

参与贡献维度反映了社会组织参与社区治理所产生的影响,是社会组织参与社区治理绩效水平的直接反映。现阶段,民政领域社会组织参与社会治理和公共服务具体事项涵盖养老、助残、救助、青少年、外来人口、妇女儿童、婚姻家庭、文体、法律等诸多领域,社会组织参与社会治理状况的好坏与上述领域公共服务供给数量、质量和公平分配有着密切的关系。课题组根据本市社会组织参与治理的领域和实践,选择了 6 个指标来反映社会组织参与社会治理的贡献度:社会组织服务人次占总人数比、社会组织公益活动场次、社会组织公益活动支出占总支出比、社会组织养老服务绩效指数、社会组织助残服务绩效指数、社会组织济困服务绩效指数和社会组织扶幼服务绩效指数。

C_{11}社会组织服务人次占总人数比

服务群体/对象的数量和覆盖率是社会组织参与社会治理水平最直观的体现,社会组织服务人次占总人数比越高,社会组织参与社会治理水平越高。

指标计算方法:

$$社会组织服务人次占总人数比=\frac{辖区社会组织服务总人次}{辖区常住人口}\times100\%$$

C_{12}社会组织公益活动场次

社会组织举办公益活动是社会组织提供公共服务、参与社会治理的重要方式之一,社会组织公益活动场次可以直观反映单位地区社会组织参与社区治理的水平。

指标计算方法:社会组织公益活动场次可以直接从社团局社会组织年检系统中提取。

C_{13}社会组织公益活动支出占总支出比

社会组织公益活动支出指社会组织参与社会治理和公共服务的投入,是社会组织参与社会治理水平的重要体现,一般而言,单位地区社会组织公益活动支出比越高,其参与社会治理和公共服务的水平越高。

指标计算方法:

$$社会组织公益活动支出占总支出比=\frac{辖区社会组织公益活动支出}{辖区社会组织总支出}\times100\%$$

C_{14}社会组织吸纳就业人员占总就业人数比率

作为一种新兴的社会经济力量,社会组织在拓展就业空间、创造就业岗位方面、稳定就业方面,表现出了巨大的潜力和积极效应,从了解就业需求到从事就业相关的服务,对就业需求者,对政府就业政策的实施都可以起到不容忽视的影响。约翰·霍普金斯大学非营利部门比较项目的调研结果表明,在国外,社会组织吸纳就业水平成为衡量社会组织经济社会发展贡献的重要指标,因此社会组织吸纳就业规模也是社会组织参与社区治理贡献的重要体现。

指标计算方法:

$$社会组织吸纳就业人员占总就业人数比 = \frac{社会组织吸纳就业人数}{辖区从业人员总数} \times 100\%$$

(四)指标权重的设定方法与结果

确定了评价维度和具体指标之后,课题组通过事先提示的专家打分法,对指标体系中的各项指标进行权重设定。具体做法是:邀请社会组织管理和社会治理领域的专家学者 5 名,民政条线相关岗位任职干部 6 名,街镇基层相关岗位任职干部 4 名,以及活跃在社会治理和公共服务一线的社会组织负责人 8 名。在明确告知各项指标含义和要求更多地考虑"参与"的实际效果和价值的基础上,让他们分别给各项指标进行排序,认为是重要指标的排在前面,认为是不重要的指标排在后面。最后统计下来,一个指标排在前面的次数越多,设定的权重系数越大,排在越后的,权重系数越低,最后得出各项指标的权重系数(具体权重见表 6 - 1)。

二、社会组织参与社区治理指数的测评方法

社会组织参与社区治理指数是从参与支持、参与成长和参与贡献三个维度测量的综合指数,每一维度都是构成具体方面的分指数,每个分指数又是由若干个指标合成。由于各指标性质不同,计量单位不同,同时评价地区经济社会发展差异导致指标基数也有不同,如果直接用原始指标值进行分析,会导致各指标以不等权参加分析,进而影响测评结果的有效性。因此需要对各指标数值进行无量纲化处理。无量纲化也叫数据的标准化,它是通过简单的数学变换来消除原始指标量纲影响的方法。无量纲化的方法很多,如极值法、标准差标准化法等,社会学领域统计数据的个数和分布的规律性较弱,一般采用极值法对指标值进行处理,如俞可平教授的中国社会治理指数、中国国家治理指数和联合国人类发展指数(HDI)的数据处理都是采用极值法进行无量纲化。极值法无量纲化的基本思路是根据每个评价指标的上、下限阈值来确定单个指标指数,即指标的无量纲化,指数一般分布在 0～1,再根据每个指标权重最终合成

社会组织参与社会治理指数。最终测算出来的指数不仅可以横向比较各参评单位社会治理的相对位次，而且可以纵向考察参评单位推动社会组织参与社会治理的工作成效。

（一）指标上、下限阈值的确定

在计算单个指标指数时，须对每个指标进行无量纲化处理，而通过极值法进行无量纲化处理的关键是确定各个指标的上、下限阈值。指标的上、下限阈值为测评基年该指标的最大值和最小值。可以将第 i 个指标实际值记为 X_i，指标权重为 W_i，下限阈值和上限阈值分别为 X^i_{min} 和 X^i_{max}，无量纲化后的值为 Z_i。

（二）指标的无量纲化

无量纲化，也叫数据的标准化，它是通过简单的数学变换来消除原始指标量纲影响的方法，用极值法进行无量纲化的计算公式如下：

正指标无量纲化计算公式：

$$Z_i = \frac{X_i - X^i_{min}}{X^i_{max} - X^i_{min}} \tag{6-1}$$

逆指标无量纲化计算公式：

$$Z_i = \frac{X^i_{max} - X_i}{X^i_{max} - X^i_{min}} \tag{6-2}$$

（三）分类指数与总指数的合成

本指标体系由参与支持、参与成长和参与贡献三个分类组成，将某一类的所有指标无量纲化后的数值与其权重计算后得到分类指数 I_i，将所有分类指数相加就得到总指数 I，即社会组织参与社会治理指数。

分类指数的合成公式：

$$I_i = \frac{\sum Z_i W_i}{\sum W_i} \tag{6-3}$$

总指数的合成公式：

$$I = \sum I_i \tag{6-4}$$

根据评价模型和指数测算方法，最后得出的社会组织参与社会治理指数是一个 0～1 的小数，数值越接近"1"，说明评价地区社会组织参与社会治理水平越高,反之,数值越接近"0",表示评价地区社会组织参与社会治理水平越低。

总的来说,建立社会组织参与社区治理评价指标体系是一项极富挑战性的工作,目前所建立的"社会组织参与社会治理指数"的评价指标体系是课题组经过实地调研和多方沟通后所进行的一种尝试。需要说明的是,"社会组织参与社区治理指数"评价指标体系作为衡量单位地区社会组织参与社区治理水平的一个系统,其本身是动态和开放的,需要根据实践领域社会组织参与情况的变化,在实际测评中加以检验和修正。

第三节　上海 S 区社会组织参与社区治理的指数评估

一、数据采集情况

根据前期构建的评价指标体系和确定的测算方法,我们对相关指标的数据进行了收集,主要从市民政局社会组织服务处、S 区社会组织服务中心、S 区民政局办公室、社会组织登记科、社团科和基层政权和社区建设科采集了数据。具体见表 6 - 2。

表6-2　S区《社会组织参与社会治理评价模型》指标数据收集表

序号	三级指标名称	涉及指标1	数据1	涉及指标2	数据2	数据来源	采集方法
1	A₁₁社会组织服务中心规范化建设水平	区社会组织服务中心规范化等级	5A	/	/	区社会组织服务中心	业务口数据
2	A₁₂购买社会组织服务占公共服务总支出比重	区财政购买社会组织服务（补助）总支出（万元）	82 524.7	区财政公共服务总支出（万元）	135 895.3	区财政局、区民政局办公室	业务口数据
3	A₁₃购买社会组织服务覆盖率	区内承接政府购买服务项目社会组织数量（家）	360	区内社会组织总数（家）	645	区社会组织服务中心、上海社会组织网	业务口数据在线采集
4	A₁₄社会捐赠占社会组织总收入比	区内社会组织接受社会捐赠总收入（万元）	2 064.8	辖区社会组织总收入（万元）	176 013.0	社会组织年检公示系统	在线采集
5	A₁₅注册志愿者占总人口比	区内在册志愿者人数（万人）	11	辖区户籍人口（万人）	68.37	区文明办/区志愿者协会、S统计年鉴	在线采取统计数据
6	B₁₁万人社会组织数量	区内社会组织总数（家）	645	辖区户籍人口（万人）	68.37	上海社会组织网、S统计年鉴	在线采集统计数据

（续表）

序号	三级指标名称	涉及指标 1	数据 1	涉及指标 2	数据 2	数据来源	采集方法
7	B₁₂社会组织服务领域均衡率	区内扶老类社会组织数量（家）	54	辖区 60 岁以上老年人数量（人）	168 298	区民政局社会组织登记科、S 统计年鉴	业务口数据统计数据
		区内助残类社会组织数量（家）	17	辖区残障人数量（人）	2 066		
		区内济困类社会组织数量（家）	7	辖区低保、低收入群体数量（人）	60 532		
		区内扶幼类社会组织数量（家）	124	辖区青少儿数量（人）	78 812		
8	B₁₃社会组织规范化建设达标率	5A 社会组织数量（家）	12	区内社会组织总数（家）	645	区社会组织服务中心、上海社会组织网	业务口数据统计数据
		4A 社会组织数量（家）	17				
		3A 社会组织数量（家）	139				
		2A 社会组织数量（家）	11				
		1A 社会组织数量（家）	12				
9	B₁₄社会组织服务人员持证上岗率	区内社会组织持证服务人员数（人）	1820	辖区社会组织从业人员总人数（人）	17862	社会组织年检公示系统、S 统计年鉴	在线采集统计数据

（续表）

序号	三级指标名称	涉及指标1	数据1	涉及指标2	数据2	数据来源	采集方法
10	B15社会组织发展可预期性	区内连续三年及以上承接同一领域服务项目的社会组织数（家）	242	辖区参与政府购买服务社会组织总数（家）	360	区社会组织服务中心	业务口数据
11	B16社区四类社会组织增贡献率	当年新增四类社会组织数（家）	4	当年新增社会组织总数（家）	56	区民政局社会组织登记科	业务口数据
12	C11社会组织服务人次占总人数比	区内社会组织服务总人次（万人次）	19.3	辖区总人口（人）	176.48	社会组织年检公示系统、S统计年鉴	在线采集统计数据
13	C12社会组织公益活动场次	区内社会组织组织、参与公益活动场次（场）	516	/	/	社会组织年检公示系统	在线采集
14	C13社会组织公益活动支出占总支出比	区内社会组织公益活动支出（万元）	336.1	辖区内社会组织总支出（万元）	132 009.7	社会组织年检公示系统	在线采集
15	C14社会组织吸纳就业人员占总就业人数比率	区内社会组织从业总人数（人）	17 862	辖区从业人员总数（人）	401 149	社会组织年检公示系统、S统计年鉴	在线采集统计数据

二、各指标极值的确定与指数测算

需要特别说明的是,依据极值法对各指标值进行标准化处理(公式 2)所计算出的三级分指数是相对结果,各个三级指标的最大值和最小值会影响各个指标的指数得分,也就是说如果各个三级指标的最大值和最小值发生变化,最后测评的社会组织参与社会治理总指数也会发生变化。因此,为了准确反映某区社会组织参与社区治理绩效在整个上海的水平和位次,我们综合了上海各区2020 年的实际情况,确定了各个指标的最大值和最小值,如"每万人拥有社会组织数量"以静安区(15 家)作为最大值,以金山区(6.5 家)作为最小值(崇明区数据缺失),其他指标最大值和最小值的确定以此法类推,具体如表 6‑3 所示。

表 6‑3　三级指标最大值、最小值情况

序号	三级指标名称	指数测算公式	最大值	最小值	值(S区)
1	A_{11} 社会组织服务中心规范化建设水平	5A＝10 分;4A＝8 分;3A＝6 分;2A＝4 分;1A＝2 分	10	2	10
2	A_{12} 购买社会组织服务占公共服务总支出比重	购买社会组织服务占公共服务总支出比重＝政府购买社会组织服务支出/公共服务总支出×100%	1	0	0.607
3	A_{13} 购买社会组织服务覆盖率	政府购买社会组织服务覆盖率＝承接政府购买服务项目社会组织数量/社会组织总数×100%	1	0	0.558
4	A_{14} 社会捐赠占社会组织总收入比	社会捐赠占社会组织总收入比＝社会组织接受社会捐赠收入/社会组织总收入×100%	1	0	0.012
5	A_{15} 注册志愿者占比	注册志愿者占辖区总人口比＝在册志愿者人数/辖区户籍人口总数×100%	1	0	0.161

（续表）

序号	三级指标名称	指数测算公式	最大值	最小值	值（S区）
6	B_{11} 万人社会组织数量	万人社会组织数量＝社会组织数量/(辖区户籍人口数÷10000)×100%	15	6.5	9.434
7	B_{12} 社会组织服务领域均衡率	社会组织服务领域均衡率＝∑领域内社会组织数量/(领域内服务对象人数÷100)÷领域数×100%（统计民政领域）	1	0	0.256
8	B_{13} 社会组织规范化建设达标率	社会组织规范化建设达标率＝(5A级社会组织数量×0.4＋4A级社会组织数量×0.3＋3A级社会组织数量×0.15＋2A级社会组织数量×0.1＋1A级社会组织数量×0.05)/社会组织总数×100%	0.245	0	0.05
9	B_{14} 社会组织服务人员持证上岗率	社会组织服务人员持证上岗率＝辖区社会组织持证服务人员数/辖区社会组织服务人员总人数×100%	0.4	0	0.102
10	B_{15} 社会组织发展可预期性	社会组织发展可预期性＝连续三年及以上承接同一领域服务项目的社会组织数/参与政府购买服务社会组织总数×100%	0.8	0.4	0.672
11	B_{16} 社区四类社会组织增贡献率	社区四类社会组织增贡献率＝当年新增四类社会组织数(家)/当年新增社会组织总数(家)	0.3	0	0.071
12	C_{11} 社会组织服务人次占总人数比	社会组织服务人次占总人数比＝辖区社会组织服务总人次/辖区常住人口×100%	0.8	0	0.177

（续表）

序号	三级指标名称	指数测算公式	最大值	最小值	值（S区）
13	C_{12}社会组织公益活动场次		2000	100	556
14	C_{13}社会组织公益活动支出占总支出比	社会组织公益活动支出占总支出比＝辖区社会组织公益活动支出/辖区社会组织总支出×100%	0.1	0	0.003
15	C_{14}社会组织吸纳就业人员占总就业人数比率	社会组织吸纳就业人员占总就业人数比率＝社会组织吸纳就业人数/辖区从业人员总数×100%	0.1	0	0.045

根据S区的数据,同时结合各三级指标计算公式和数据标准化处理方法,我们计算了S区社会组织参与社区治理各项指标的指数,并根据三级指标权重系数,计算了S区社会组织参与社区治理的参与支持指数、参与成长指数和参与贡献指数,最后结合二级指标权重系数,得出了S区社会组织参与社区治理的总指数,具体如表6-4。

表6-4　S区社会组织参与社会治理指数（2020）

一级指标	总指数	二级指标	二级分指数	三级指标	三级分指数
社会组织参与社会治理指数	0.397	A_1参与支持分指数	0.264	A_{11}社会组织服务中心规范化建设水平	0.1
				A_{12}购买社会组织服务占公共服务总支出比重	0.091
				A_{13}购买社会组织服务覆盖率	0.056
				A_{14}社会捐赠占社会组织总收入比	0.001
				A_{15}注册志愿者占常住人口比例	0.016

（续表）

一级指标	总指数	二级指标	二级分指数	三级指标	三级分指数
社会组织参与社会治理指数	0.397	B_1 参与成长分指数	0.087	B_{11} 每万人拥有社会组织数量（常住人口）	0.021
				B_{12} 社会组织服务领域均衡率	0.013
				B_{13} 社会组织规范化建设达标率	0.01
				B_{14} 社会组织服务人员持证上岗率	0.01
				B_{15} 社会组织发展可预期性	0.014
				B_{16} 社区四类社会组织增长贡献率	0.019
		C_1 参与贡献分指数	0.046	C_{11} 社会组织服务人次占总人数比	0.011
				C_{12} 社会组织公益活动场次	0.012
				C_{13} 社会组织公益活动支出占总支出比	0.001
				C_{14} 社会组织吸纳就业人员占总就业人数比	0.022

三、S区测评结果解析及提升空间

如上所述，研究根据前期建构的"社会组织参与社区治理评价模型"，对S区社会组织参与社区治理水平进行了测算。测算结果显示，S区社会组织参与社区治理总指数为0.397，社会组织参与社会治理总体水平有待进一步提升。在分指数得分方面，参与支持分指数为0.264，参与成长分指数为0.087，参与贡献分指数为0.046，由此可以发现，S区社会组织参与社区治理整体绩效基本由"参与支持"因素推动。

（一）参与支持指数

从测算的结果看，S区社会组织参与社区治理的参与支持指数为0.264，对S区社会组织参与社区治理总指数贡献度最大。其三级指标指数得分比较显示，这主要得益于该区社会组织服务中心规范化建设水平、政府购买社会组织服务（补贴）占公共服务总支出比重和政府购买社会组织覆盖率的水平较高。

在社会组织服务中心规范化建设方面,自 2013 年 10 月成立以来,中心积极加强自身建设,较早地完善了以理事会、监事会和执行机构为主体的法人治理结构,同时设立了综合服务部、能力发展部、孵化培育部、公益项目部和财务部五个内设机构,为全区社会组织提供政策咨询、能力发展、财务管理、信息宣传等支持性服务,2015 年,S 区社会组织服务中心被市社团局认定为 5A 级社会组织。应该说,社会组织服务中心的规范化建设极大地促进了全区社会组织参与社会治理的水平,课题组从中心主任了解到,近两年,为提升辖区社会组织参与社会治理的能力和水平,中心充分利用自身的资源优势和建设经验,有的放矢。一是有意识地引导和培育符合本地区实际需求的行业管理类、公益服务类社会组织,对一批尚不具备登记条件的社区公益类群众团体,如参与调解的"居委会老舅妈和谐工作室",提供便民服务的"双休日服务队",为居民提供廉价优质蔬菜的"便民小菜场",为老服务的"爱心日间助餐点"等,提供资金、场地和专业人才方面的支持,并积极协调相关部门为这类组织注册登记提供绿色通道。二是在 S 区社团局的支持下,设立 S 区社会组织发展专项资金,对社会组织,尤其是初创期的街镇层面的社会组织,在聘用人才型专职人员和发展公益性服务项目方面提供补贴,助力区内初创期社会组织顺利跨过"资源瓶颈"期。三是有针对性地向社会组织提供能力建设与培训,诸如,针对中介型社会组织,着重加强组织自治、自律和行业诚信方面的培训,针对志愿型和专业型社会组织,着重加强其品牌塑造和抓取社会资金能力方面的培训等。总体而言,现阶段 S 社会组织服务中心在推动辖区社会组织参与社会治理方面扮演着重要角色,在该项指标上,测评结果的反馈与实际经验基本相符。

在政府购买社会组织服务方面,近年来,S 区各级政府积极拓宽政府购买社会组织服务资金渠道,一是设立了由 S 区社会组织服务园运作的社会组织发展专项资金,对符合条件的承接政府购买服务的社会组织进行资助和补贴;二是扩大财政预算资金,鼓励有条件的街镇设立政府购买社会组织服务专项资金,鼓励各业务系统将适宜由社会组织提供的服务事项通过购买服务的形式交由社会组织承担;三是充分利用市、区两级福彩公益金,制定《S 区社区公益服务项目目录》,向社会组织购买扶老、助残、救孤、济困等民生领域服务。经过近几年的探索,S 区各级政府向社会组织购买服务的支出都在增长,购买服务的范围和力度不断加大,2016 年区财政购买社会组织服务(补助)总支出达 82 524.7 万元,占区财政公共服务总支出的 60.7%,全区累计向社会组织购买服务资金超 2 亿元,参加政府购买服务的社会组织超过 360 家,占全区社会组织(不含教育类社会组织)总数 80%[①]。总体而言,政府购买社会组织服务作为推动社会组织参与社区治理的重要机制,不仅激发了公共服务的活力和内生动力,培育了公共精神,探索出了系统治理的新机制,而且通过鼓励社会组织参与公开竞争、项目运作和绩效评估,提升了社会组织规范化、专业化和职业化水平,推动了社会组织参与社区治理能力的提升,在推动 S 区社会组织参与社区治理的整体绩效中发挥了至关重要的作用,这些都客观地反馈在"S 区社会组织参与社区治理指数"评价中。

当然,参与支持指数也反映出 S 区整体环境对社会组织参与社区治理支持的薄弱环节,通过进一步分析该区"参与支持"下的三级指数,我们发现 S 区"社会捐赠占社会组织总收入比"和"注册志愿者占常住人口比例"两项指数得分分别为"0.001"和"0.016",远低于评价模型设计的参考指数,这说明 S 区社会组织参与社区治理来自社会层面的支持远远不够。因此,下一阶段,S 区应该着力优化社会组织参与社区治理的社会环境,通过有组织的宣传,如评选"年度十佳社会组织""社会组织之星"等评选活动,树立社会组织模范典型,加大居民对社会组织的认知和了解。同时,加强媒体对社会组织的正面宣传,增强社会成员对社会组织的知晓度、认同度,提升社区居民参与社会组织的积极性,为社会组织参与社区治理营造良好的社会环境。

(二)参与成长指数

在"S 区社会组织参与社区治理指数"中,参与成长分指数仅为"0.087",远低于评价模型的参考得分。也就是说,在创新基层社会治理、推动社会组织参与社区治理的各项支持政策下,S 区社会组织并未取得与政策力度相匹配的成长幅度。通过进一步分析该区"参与成长"下的三级指数,可以发现该区"社会组织发展均衡率""社会组织规范化建设达标率""社会组织服务人员持证上岗率""社会组织发展可预期性"以及"四类社会组织增长贡献率"的分项指数得分均比较低,这反映出 S 区社会组织发展存在如下方面的问题:一是社会组织发

---

① 　根据 S 区社会组织服务中心主任的访谈资料整理。

展和辐射领域与当地社会治理需求不匹配;二是社会组织在参与治理中并未显著提升自身规范化建设水平和治理能力,社会公信力普遍不足;三是社会组织专业化水平和深度介入社区治理的能力远未达到参与社会治理的要求;四是社区生活服务类、社区公益慈善类、社区文体活动类和社区专业调处类等与居民的社区日常生活息息相关的社区服务类社会组织增长不足,社会组织对社区发展的介入和支持不够,进一步限制了社会组织参与社区治理的广度和深度。同时,在"每万人社会组织拥有量"指标上,S区的测评指数较高,说明S区社会组织数量和活跃程度相对较高。

因此,下一阶段在推动社会组织参与社会治理成长方面,S区可以重点从如下方面着手:首先,优化社会组织结构,有意识地引导和培育符合民生发展需求的生活服务类社会组织快速发展,使之与民生服务需求相匹配。从课题调研的结果看,目前S区扶老类社会组织每百人拥有量为0.03,助残类社会组织每百人拥有量为0.8,济困类社会组织每百人拥有量为0.01,扶幼类社会组织每百人拥有量不足0.15,远远低于每百人拥有1家的最低标准①,亟须发展生活服务类社会组织弥补当地民生服务领域的需求缺口。其次,充分发挥S区社会组织服务园平台的支持、规范和引导作用。按照法人地位明确、治理结构完善、筹资渠道稳定、制约机制健全、管理运行规范的要求,指导辖区社会组织实行民主选举、民主决策和民主管理,提升社会组织规范化建设水平,以此增强社会和服务对象的认可。再次,加强社会组织专业人才队伍建设,加强现有工作人员培训,加大专业社工队伍培养力度,制定相关政策,确保专职工作人员的待遇和社会保障,吸引更多优秀的人才从事社会组织工作,提高社会组织参与社会治理专业化水平。最后,进一步明确社会组织参与社区治理的方向和工作重点,为社会组织参与提供一个相对稳定的预期,这有助于社会组织进行人才储备和能力培育。

(三)参与贡献指数

根据测评结果,S区社会组织参与社会治理的参与贡献指数为"0.046",对S区社会组织参与社区治理总指数贡献度相对较低。这说明,在S区社会组织的参与活动对地区社会治理和公共服务的改善和提升并未产生显著影响。这

---

① 根据S区民政局登记管理科提供的社会组织登记情况测算。

与 S 区社会组织的产出规模和效能密切相关，"参与贡献"的三级指数显示，S 区"社会组织服务人次占总人数比""社会组织公益活动场次"和"社会组织公益活动支出占总支出比"等项指数得分均较低。

因此，在参与贡献方面，S 区下一阶段应着力提升社会组织承接公共服务的产出和效能：一是要增强公众公共服务的需求表达，减少公共服务的悬浮。课题组在调研中发现，近年来，S 区社会组织承接的公共服务规模越来越大，但服务本身并非出自公众需求，而更多地偏向行政绩效，始终处于低水平的重复建设之中，陷入了"没有发展的增长"困境，这是亟须做出改变的。二是要在社会组织服务过程中引入公众参与机制，增强社会组织服务黏性和社会资本价值。根据合作治理理论，社会组织本身即扮演着实现不同群体利益的理性表达和利益整合的重要角色，应该在参与社会治理和公共服务的过程中，尽可能扎根公众服务需求，主动引导公众参与公共服务的讨论和决策，将具有各种不同利益群体的需求集中起来，通过组织集体行动使公众参与秩序化，从而使参与的效应超越服务事项本身，上升为组织乃至社会个体的一种生活方式。三是优化承接服务效能的评价监督机制，减少机会主义行为。这就要求政府加强对购买社会组织服务事项规划，形成长期的"指南性"文件，同时在社会组织承接服务效能评价中，要求社会组织对社会服务需求形成长期规划、中期打算和短期安排，以强化社会组织参与对社会服务本身长期性、稳定性和发展性的保证。

第四节　共同的困境：制度供给丰富而实际参与乏力

从 S 区社会组织参与社区治理指数化评估的结果来看，S 区社会组织的参与表现出政策支持驱动的特征，政策供给丰富，而社会组织的参与成长不够、参与贡献微弱。这个基于定量数据的评估结果与基于个案的分析发现一致，即不仅仅是三个个案社会组织在社区治理中参与不足、自主性羸弱，而是三类社会组织在参与社区治理中面临的共同困境，它们代表了社会组织的整体状况。个案研究和定量研究的分析表明，不同类型的社会组织在社区治理中呈现出了不同的参与路径，每一种路径都有一定的独特性。同时，我们还应该注意的是，每一种参与路径又都面临着一些共同的参与条件缺失。

一、社会组织能够动员的社会治理资源较少

政府与社会组织在社会治理领域的互动,主要是整合双方优势资源来优化公共服务绩效。在这一互动关系中,关键资源能否借助横向网络产生流动、交换或再造,决定着这一互动关系的走向。社会组织参与社会治理的资源主要有"运作性资源"和"治理性资源",通过对经验事实的观察,发现这些资源仍然掌握在政府的手中,并没有通过互动网络出现资源的再生产。政府以权威指令来配置,行政权力代替了公共权力,支配着公共服务领域的资源配置,也因此损害了国家与社会、政府与公众之间的联系纽带,导致政治和行政权力属性挤压了契约属性,也无法实现社会治理中的多方主体责任共担结构。

在政府购买公共服务中,政府向社会组织提供资金、场地、信息等资源,然后由社会组织具体操作服务。当社会组织去基层开展服务时,发现仍然需要基层政府部门的帮助才能使项目落地。这一方面说明行政权力在社会治理中的权威,另一方面也说明公众对于公共权力的认知低。再加上政府在具体的操作中常常拖沓资金给付、变动政策导向,因此社会组织在这个夹缝中开展公共服务时,能够履行合同规定,完成合同目标已经花费很多组织资源,少有精力去倾听和联系社区居民。但是社会组织是某个社会群体的组织化载体,在全民共建共享的社会治理格局中,不仅仅有提供服务的责任,更有利益倡导、反映诉求的责任。社会组织的自主性和独立性增强,也就意味着公众的利益表达载体健全,那么公共服务和社会治理的效能也会因此得到增强。

由行政权力配置公共服务资源,资源自然会向政府行政管理的有效性和便利性倾斜,而有意或无意地忽视向社会组织赋权,补社会组织"短板"的问题。由此可能出现社会组织治理的"内卷化"逻辑,即社会组织参与社区治理和公共服务数量增多,但是参与后果未能导向社会赋权;国家与社会互动频繁,但合作关系停留在协同层次而未能导向平等协作。

二、社会组织在社区治理结构中的话语权较弱

政府选择性发展社会组织的能力较强。公共服务购买中存在较大比例的定向购买和委托购买,这些购买的达成主要基于政府对社会组织及其负责人的

"甄别",那些具有较多业务联系的社会组织因为已经取得了较多的信任而更容易成为服务承担者。政府向社会组织购买服务中的"差序格局"已然形成,这对社会组织和公共服务来说都是需要警惕的现象。即使在竞争性购买中,对社会组织的选择性也十分明显。政府部门更倾向于支持注册在本区域的社会组织。因为在考核地方政府社会治理绩效时,指标指向注册在本地的社会组织的培育发展。

社会组织难以进入规则制定过程。从 1998 年沿用至今的《社会团体登记管理条例》《基金会管理条例》和《民办非企业单位登记管理条例》目前还在修订中,当前的法律制约社会组织发展最明显地集中在地域限制性、服务领域的非竞争性,这样,同一地域某个服务领域的社会组织只有一个,社会组织之间难以形成竞争。一个区域注册的社会组织不能够在其他区域开展活动,就限制了组织规模和社会影响,使组织跨越行政边界的公共服务能力无法集聚。在此制约下,许多社会组织只能通过变通行为来谋求发展,没有制度化的途径来表达政策诉求。在某些场合即使有表达机会,但是由于社会组织尚未进入社会治理的决策制定过程,对于政策的影响微乎其微。但是一些其他的社会组织的情况就不同。比如行业协会、商会类社会组织,该类组织的资源集聚能力较强,在与政府和市场的协商中具有较多话语权,而政府也对之赋予了更优化的行动规则。从地方政府实践层面来看,虽然不同的地方政府部门根据治理任务的不同,对社会组织进行了差别化的定位,有的将其视为部门服务的延伸者,有的将其视为重要工作平台或抓手,但都体现了行政机制凌驾于社会志愿机制,社会志愿机制未与行政机制相互增强的状况,缺少行政机制与社会志愿机制协商的景象。

第七章

社会组织参与社区治理的分类治理思路

面向社会治理,中介型社会组织如何找到新的功能增长点,积极建构与政府、社区和市场的资源网络,增强自己的选择能力,继续做好制度与生活的联结者,是当下中介型社会组织面临的发展难题。

第一节　现有路径差异的社会组织分类治理

一、推动中介型社会组织参与路径的转型

（一）中介功能的再延续

中介型社会组织存在的重要意义在于为政府和社会提供了一个联结的桥梁、交流的窗口和互动的平台。因此,保证中介功能的延伸和发展首当其冲。需要思考的是,中介发挥的前提是什么? 应该发挥什么样的中介功能? 如何才能更好地发挥?

首先,构建良好的中介平台,提供政府与社会信息交流的场域。现实生活中,公共服务供需不平衡常常受到信息不对称的影响,进而导致政府提供的公共服务供过于求产生公共资源的浪费。中介型社会组织创设的平台恰好可以实现信息资源的流动。具体到本案例中的家政服务协会而言,组织实施的家政人员注册工作制可以实现政府机构对家政从业人员基本情况的动态掌握,以便政府根据市场需求帮助家政协会进行人员调配及资源分配等工作。

其次,统一行业标准,引导行业专业化发展。除中介性之外,专业性强是中介型组织的另一典型特征。中介服务是一种智力性劳动,只有具备符合社会

需要的专业知识或技能的机构才能获得稳定的发展①。作为中间媒介组织,依托自身的专业技能帮助所在行业建立起统一、标准的准入机制,规范行业秩序,为该行业的有序发展和良性循环提供制度保证。

最后,发展会员单位,扩大辐射范围。家政协会在自身的发展过程中,培育了 20 多家会员单位并在技术上为其提供专业指导。如此,家政协会依托会员单位的承接作用实现服务领域的拓展和社会影响的扩大,同时更大程度上满足了市场对家政服务的需求。会员单位式的发展有助于社会组织自我功能的实现,为其良性发展创造了组织条件。

(二)自主行动能力的再培育

中介型社会组织与政府。在国家—社会关系的重构过程中,重新界定政府的角色,为社会组织提供更好的发展空间。虽然政府仍是社会支持的首要来源,但社会在界定、传送与管理适当形式的社会行动中扮演着核心角色②。很多学者提出"强政府强社会"的模式,该模式的特点是政府在经济社会发展中处于很突出的地位,政府具备将自己的意志、目标转化为现实的强大能力;同时,社会力量及其自主性也很强,具有许多强有力的、高度组织化而且有自己利益追求的社会群体③。中介型社会组织促成"强社会",关键是去行政化改革。首先,要为中介型社会组织"去行政化"改革提供制度保障。通过完善中介型社会组织承接政府购买服务职能的制度,从体制机制上进行改革,建立"去行政化"目标的具体可操作性制度。其次,要为"去行政化"改革的中介型社会组织提供资源保障。从多方面入手,帮助改革的中介型社会组织获得各类资源,包括公共资源和社会资源,为中介型社会组织发展创造基础条件。最后,中介型社会组织与政府之间形成新型合作关系。中介型社会组织与政府之间的新型合作关系应该表现为社会本位而非政府本位,凡是能够交由社会组织来完成的社会事务,都应该借助社会组织的力量来履职完成④。

---

① 中国行政管理学会课题组:《我国社会中介组织发展研究报告》,《中国行政管理》2005 年第 5 期,第 6-13 页。

② 林闽钢、战建华:《社会组织的自主性和发展路径——基于国家能力视角的考察》,《治理研究》2018 年第 1 期,第 58-64 页。

③ 涂开均、袁阳:《强政府强社会及其运行关系解构》,《重庆社会科学》2014 年第 3 期,第 33-38 页。

④ 姚迈新:《社会组织"去行政化":缘由与展望》,《长春市委党校学报》2017 年第 2 期,第 16-20 页。

中介型社会组织与社区。第一,中介型社会组织的发展需要有一批专业化、高素质的社区社会工作者队伍,因此中介型社会组织开展社区服务不仅需要志愿者,也需要具有专业化能力的社会工作者。第二,中介型社会组织在社区中作为重要主体之一,可以通过不同的形式服务于社区居民,加强与社区居民之间的交流沟通,尽可能满足不同居民多样化的需求,或充分反映民意,倾听居民诉求,并及时反映给当地政府,有助于构建简约高效的社区治理体系。第三,中介型社会组织要加强自身能力建设,提高组织整体水平。组织内部治理结构、自身组织管理能力、规章制度等都是中介型组织提升整体水平的要素,因此,中介型社会组织在实践中要加强自我约束和管理,提高组织在社区活动与项目推广中的专业化服务水平和工作效率,提高组织的创新能力和资源整合能力①。

中介型社会组织与市场。市场与社会的关系可以有多个角度,社会组织在维护市场秩序和遏制市场失灵方面有发挥作用的空间②。中介型社会组织在发展中会面临一些问题,比如,资金短缺、组织管理无效等。企业在追求利益的同时也会注重社会效益,中介型社会组织可以通过与企业合作以筹集资金、提升组织知名度、提高组织能力,企业可以通过参与社会公益实践,提高企业知名度与竞争力,为企业带来良好的经济效益。由此以来,中介型社会组织与市场之间形成一种资源互补、共创双赢的局面。如何实现中介型社会组织与市场之间的合作? 第一,通过建立有效的合作激励机制,增强企业社会责任意识,营造良好的制度环境。第二,寻求自主性的发展空间。中介型社会组织与企业合作,并不是一味地汲取企业所捐赠的资金和技术管理,中介型社会组织应寻找与各种制度逻辑的契合点,延伸组织的发展空间。第三,建立合作绩效信息及反馈制度。中介型社会组织与企业合作期间,通过绩效信息的发布,让组织和企业能相互了解各自的作用,以及在合作过程中存在的问题和缺陷,以自我完善的方式进行纠正,对双方产生积极影响。

---

① 李莉、刘晓燕:《"协同治理"视角下的社会组织公共服务供给》,《城市观察》2012 年第 2 期,第 16 - 24 页。

② 马振清、王勇军:《国家治理现代化与正确处理政府、市场和社会的关系》,《河北学刊》2016 年第 2 期,第 194 - 198 页。

二、促成志愿型社会组织参与路径的优化

（一）以志愿逻辑更好地嵌入社区治理

目前志愿型社会组织在参与社区治理中，作用发挥还有比较大的局限性，需要深化志愿逻辑在社区治理中的嵌入，同时以适度专业化回应志愿逻辑与行政逻辑的并行。

社区志愿资源汲取。首先，组织在社区进行志愿服务时，需要与服务对象建立稳定的帮扶关系，当组织的志愿者可以提供不可替代的服务，获得服务对象的认可时，志愿服务就得以维持下去。其次，确定组织在社区治理中的合理身份，通过展现其功能的独特性，可以获得社区组织和社区居民的认同，与社区组织发展出集体行动的能力，可以帮助组织在参与社区治理的过程中，不断拓展资源获取渠道。志愿型社会组织需要将会员和志愿者的爱心汇聚成有效的服务力量，挖掘志愿者的资源，挖掘社区的资源，从社区获取资源的同时也是向社区嵌入的过程。

（二）政府服务项目嵌入

志愿型社会组织在参与社区治理的过程中，可以通过与其他的行动者围绕资源展开协商、竞争，构建组织的选择能力。通过政府服务项目进入社区，在项目实施的过程中，不仅可以作为居民与政府的沟通渠道，而且可以建立与社会各界的联系，了解社会各界的需求。通过在基层社区开展项目并嵌入志愿服务，更加有利于公益活动的开展。志愿型社会组织借助政府力量，凭借体制的优势来弥补自身的不足，在社区实践中，将组织的社会性优势充分体现，使得组织自身获得提升，同时更好地嵌入社区治理当中。

（三）以适度专业化回应志愿逻辑与行政逻辑的并行

志愿型社会组织追求的专业化区别于专业做项目的社会组织，因为对组织而言，更重要的是志愿精神的维系，如果执着于专业性的追求，会阻碍志愿者的参与热情，对组织而言就背离了初衷。所以追求专业性要适度，可从维持和拓展志愿服务以及围绕项目构建专业能力两个方向发展。发展专业性的同时不可以忽视志愿，可以维持并进一步拓展志愿服务，为志愿者提供志愿机会。组织的志愿者会在实践中渐渐成长，成为组织最强大的核心竞争力。可以从组织

的运行原则、机构设置、规整制度和运转体系上进行规范化整治,完善内部治理结构,促进志愿者积极地投入公益项目中,培养志愿者的责任感和荣誉感。增强组织的公信力。组织的公信力一般是政府和社会根据组织的项目运作进行评价,组织的公信力建设可以为建立更好的社会形象打下基础,赢得了政府和群众的信任,才可以在未来发展中保持更好的独立性和自主性。志愿型社会组织要有选择地承接政府购买项目,在执行项目的过程中,既围绕项目本身开展专业性培育,又适度地嵌入志愿服务,满足政府项目评估的要求,又为组织的志愿服务培育新的资源和力量。

三、实现专业型社会组织参与路径的提升

(一)发展基于竞争的整合

自 20 世纪 90 年代以来,社会组织作为一个整体的组织现象,在我国已经发展到了第四个阶段,即社会组织生态化阶段①,社会组织的多种类型被政策和时代激活,既有提供具体服务的组织类型,也有为服务型社会组织提供评估、培训的社会组织。在社会组织生态健康的状况下,社会组织之间既有基于"服务市场"的适度竞争,更有行业内部的整合。良性的适度竞争能够促进社会组织内部分化,一定程度的整合能够推动社会组织生态健康。由于专业型社会组织在社会组织的类型中属于专业能力较强的一类,如果这类组织能够意识到行业的整体发展会带来每一个组织自主性的增强,而在行动中有意推动社会组织的资源共享与相互回馈,那么对于社会组织内部的自我维持、外部的资源汲取,都将产生深远的影响。

Q 社会工作促进中心在项目运作中,对于潜在对手非常敏感,具有很高的防范意识,却对社会组织之间可能的合作及其带来的共赢结果缺乏预期。当前专业型社会组织参与资源类型的单一,是这种重竞争轻整合状况出现的关键因素。因此,扩大专业型社会组织的资源类型,使各个服务领域的社会组织能够相对稳定地发展专业领域,是一个较好的思路。除了政府向社会组织购买服务的市场,还需要激活社会组织内部的资源,比如促成基金会对直接服务型社会组织的支持。

---

① 陶传进:《社会组织发展的四阶段与中国社会演变》,《文化纵横》2018 年第 1 期,第 20 - 28 页。

推动基金会由操作型向支持型转变，实现社会组织领域的资源优化配置，形成社会组织内部良性的资源流动环。成熟的基金会通过公益性项目或向其他社会组织提供资助，探求解决社会问题的根本途径。基金会的能力是筹集资金的能力很强，并有很好的社会网络资源，而社会组织则扎根于社区，最了解需求的多样性，并能迅速灵活地回应需求。基金会作为资源的提供端，社会组织作为服务的提供端，发挥各自的最佳优势，实现公共利益的最大化。

在促成基金会与社会组织合作方面，政府可以起到牵线搭桥的作用。第一，政府可以增加二者的合作资源和共同关注点，推动二者在社区服务、扶贫、老年人服务等项目的合作；第二，建立二者对话和沟通的正式和非正式渠道，以平等对话的理念，加强二者在项目方案上的沟通，及时了解分歧，并达成共识方案；第三，推动基金会与社会组织建立战略性合作关系，提供支持性政策，设立基金会资源库和民间组织资源库等，让二者能够双向选择充分沟通，并形成稳定的战略合作关系。

发挥基金会促进社会组织能力建设、支持人才发展的独特作用。在我们的调研中发现，受财政预算的限制，政府在社会组织能力建设和人员培训方面缺乏充足的资金支持，基金会因为自身的资源优势，恰恰可以在这方面发挥自己的独特优势，在社会组织能力建设和人才培养方面配置相应的资源，采取多样化方式，如培训、交流、研讨等，帮助社会组织从业人员能力的增长，提升其提供服务的能力。

（二）贴近社区治理结构

专业型社会组织对政府资源的追逐，以及对自身交换能力的专注，使其和政府的关系越来越密切，与社区越来越疏离。一个成熟的社会组织应该是在社区有良好的社会资本的组织，能够反映居民需求，吸引居民参与社会组织的运作。

日常运行中多接纳居民的参与。由于社会组织的发展制度中蕴含着向上负责的激励导向，因此，社会组织在日常的运行中，更多考虑的是主管单位或者义务主管部门的工作要求，更愿意与政府或者专家交流讨论，而对组织的服务对象——居民却关注不够多。由此造成的后果是，社会组织的运作"悬浮"于居民之上，居民对很多社会组织的知晓度非常低，有些知晓的居民，也对社会组织的内部治理相关事项比如决策方式、筹资等了解甚少。为了社会组织的持续发展,接纳居民的参与十分必要。建议社会组织在社区中多做宣传,尤其是公布组织一些重要事项的开展时间,让社会组织进社区。其次,多吸纳居民来做社会组织的理事会成员或者志愿者,走进居民,获得组织一定的社会基础。

服务项目中多考虑居民的需求和满意度。开展服务项目是社会组织与居民最直接的接触方式,很多居民正是从获得的服务中知晓并了解了社会组织。当前社会组织开展的服务项目更多是自上而下形成的,这些项目更多来源于政府的"工作需要"或者"专家意志"。于是,对于服务项目的评估,也是在这些目标导向下进行的。服务项目开展的整个过程中,政府和社会组织给予居民的需求和满意度的权重偏低,一些治理理念淡薄的官员和负责人,则干脆不予考虑。这样的状况严重影响了政府购买社会组织服务的绩效,也阻碍了社会组织与服务对象形成良性互动关系。首先,购买服务项目形成之前,政府和社会组织合作开展居民需求调研,在充分了解实际需求之后再凝练项目,做到需求和服务的紧密对接。其次,在购买服务项目的评估指标中,加大居民满意度的权重,推动社会组织更多向下负责,扎实开展服务。

第二节 不同路径的社会组织参与社区治理共同困境的破解

一、优化社会组织参与社区治理的资源配置

(一)完善政府购买服务制度

政府向社会组织购买服务,是为社会组织发展提供资源支持的重要制度设置,也是社会组织参与公共服务的重要渠道,因此,完善政府向社会组织购买服务的制度安排,对社会组织参与社区治理具有重要意义。

1. 理顺购买服务中政府与社会组织的关系

法理上讲,政府与社会组织合作提供服务的关系本质上属于契约关系,该关系决定了在政府购买服务合同中,政府与社会组织二者是平等的合作关系。但在实际操作中,二者的关系出现一定的偏差,突出表现为政府对社会组织的行政化干预,需要给予重视。

减少购买服务中政府对社会组织的过度干预,树立以合同和契约为基础的

平等观念,在与社会组织交流和互动的过程中,严格遵守合同中权利与义务的边界,履行合同中所赋予的管理和监督职能,不插手合同之外的事务,保证社会组织在合同履行和服务提供过程中自主运行。

2. 规范项目招投标流程

在规范政府购买项目招投标流程和资质审查方面,国家层面和地方政府都出台了相关条例,但一些条例的精神并没有得到严格的落实,项目招投标中的公开性、公平性原则没有得到充分体现,导致一些非竞争性购买和购买行为的内部化。

严格落实购买项目招投标流程和资质审查,应着力从以下几个方面入手:一是进一步完善相关法规条例,为规范项目招投标程序提供明确的政策依据;二是在招投标过程中坚持公开公正的原则,推动建立购买社会组织公共服务的公开招投标机制和平台,强化招投标过程的竞争性;三是加强竞标方案和招投标对象的资质审查,对竞标方案择优选用,优先考虑竞争力强的社会组织,以保证提供服务的质量。

3. 建立多元化绩效评估和监督机制

首先,政府部门要定期对公共服务的数量和质量进行评估,以确定社会组织提供的公共服务达到合同中所规定的标准;其次,引入独立的第三方监督机构,对复杂的、深层次的和专业性问题进行监督,保证评估的公正性和客观性;再次,应该及时重视社会公众的评价和媒体监督。社会公众作为公共服务的消费者,其利益需求应该得到满足,在接到群众相关举报时,社会组织应及时公开信息,追踪反馈,避免组织公信力下降。在整个监督体系中,应合理划分各监督主体的权重,第三方监督机构应处于中心地位,因为他们掌握一定的专业知识和人才队伍,能够对购买服务中的专业性问题进行有效监督,从而提高公共服务的质量。

(二)搭建平台促进社会组织与市场、社会资源对接

政府是社会组织成长和发展的重要合作伙伴,但绝不是唯一合作伙伴。促进社会组织以更加独立、成熟的姿态参与社会治理,还必须推动社会组织积极与市场、社会对接。

1. 鼓励社会组织建立与市场、社会资源的流动网络

资源汲取是社会组织发展的基础。除了政府财政支持,市场、社会中的资

源也是社会组织资源汲取的重要方面。社会组织与市场和社会对接,能够推动实现社会组织资源汲取多元化。首先,依据政策开展慈善组织的认定,支持社会组织向公众募捐。目前,《慈善组织认定办法》已经实施,一部分社会组织因此可以申请认定为慈善组织,获得向公众募捐的资格,这对社会组织的发展来说是个极大的推动。其次,鼓励有条件有资质的社会组织积极开展公益募捐、义卖、义演等活动,创新筹资的方式方法。最后,政府可建立社企交流平台,社会组织将能提供的服务、项目放在平台上,由企业自主选择购买,同时企业也可以在社企平台上提出项目需求,由社会组织竞争招标。竞争招标的前提是适度放宽非竞争性原则限制,允许在同一行政区域内业务范围相似的社会组织,共同来竞争一个项目。

2. 引导社会组织与企业进行公益营销与营销公益的对接

一般说起"公益营销",往往更多指向企业将自我的营销行为与公益挂钩,其最终目标依然是指向企业的发展和利润,而公益营销中另外一个非常重要的主体也就是执行者——公益组织却常常被忽略了。事实上,公益营销往往以企业与公益组织的协作来实现,公益组织在接收捐赠、合作项目的同时,获得了生存发展的支持,达成了公益的使命,在这一过程中,社会组织也可以利用好企业提供的平台做好自我的营销。

营销部门是商业组织中的策略部门,商业机构的营销行为是一个完整的链条,从了解需求、设计产品、营造氛围、销售产品、呈现价值以及最后接收反馈的回环。公益组织的营销首先也要看看公益组织的运作链条是怎样的。在社会组织的发展中,其实也存在着同样的回环。每一个公益项目的设计也是发现需求、研究需求、设计产品来满足需求的过程,唯一不同的是,商业企业将产品销售给消费者,并且从消费者那里接受反馈。与商业领域的营销相比,社会组织营销还有另一重独特的价值——公益项目的自我营销,它本身就是将受助者的反馈也就是社会组织的产品反馈抵达捐赠人的通路。

二、增强社会组织参与社区治理的话语能力

(一)真正释放社会组织参与社区治理的空间

建构相对清晰的社会组织参与空间,明确政府和社会组织各自的权责。政府与社会组织协同治理过程中,应该坚持政社分开的原则,规范与社会组织的关系,着重提高其自主运作能力。首先,政府应该尊重社会组织独立法人地位,在协同治理中坚持协商的原则;其次,减少对社会组织不必要的行政干预,支持社会组织独立自主运作;最后,对社会组织监管包括财务审计和年检工作,应该做到有法可依,确保社会组织朝着公益、合法、高效的方向发展。

加大政府职能转移的力度,尝试让社会组织发挥更多的倡导功能。一方面,继续将社会治理领域的事务性、服务性职能越来越多地交由社会组织履行,发挥社会组织在提供差异性、小规模服务生产方面的优势。另一方面,除了鼓励支持社会组织在社会服务领域发挥作用,还应重视社会组织在倡导方面应有的功能,发掘其在弘扬社会风尚、表达群体诉求等方面的积极作用。

(二)促进社会组织治理结构规范化

首先,引导社会组织健全内部治理机制。每一个社会组织都应该有自身的准确定位,完善的内部决策机制、激励机制、融资机制和人才管理机制,强化组织社会责任,具备独立承担社会治理事务的能力,进而实现与政府在更高层面的合作。其次,积极倡导社会组织行业自律,提升公信力。公信力建设应该是每个社会组织应该重视的问题,政府应该督促社会组织建立信息披露机制,对特殊捐赠、税费减免等事项给予公众合理的解释,同时指导社会组织建立行业规则进行业务监督和评估,以提升社会组织社会公信力。最后,鼓励社会组织积极参与公益招投标,多从企业管理中借鉴标准化流程,多与从事社会治理研究的专家学者沟通交流,提升自己的专业能力。

(三)推动社会组织从业人员职业化、专业化

1. 完善社会组织从业人员资格认证制度

首先,进一步完善社会组织从业人员的资格等级考核评价体系,特别是高级社工的资质认定,政府还没有出台相关考核标准和认定方式。其次,进一步放开对社会组织内部各级社工比例的控制,让具有等级资质的社工能得到相应

的职位聘用,并获得相应的职位报酬。最后,鉴于目前社会组织从业人员的专业化程度普遍不高,那些已经获得社会工作相关专业较高学位的人员,如获得硕士、博士学位的从业人员,可以根据其学位的高低程度适当免于部分专业课程的考试。

2. 改善社会组织从业人员的福利待遇

社会组织要想吸引、使用、留住所需要的核心人才,必须重视物质激励,建立并完善科学合理、内部公平、外部有竞争性的薪酬福利体系和制度。政府应该从本地薪资福利水平的实际出发,积极引导社会组织以地域、行业、岗位、业绩作为薪酬制度制定的依据,打破现有的一些束缚,具体如下。

创建内部公平和外部有竞争性的薪酬体系。内部的公平性体现在岗位价值和个人能力以及业绩大小,外部竞争性要体现地域差异和行业特征,可以开展行业薪酬水平调查,为外部竞争性提供参考依据。

加强社会组织社会保障管理,重视福利作用。一是社会保险缴费基数的确定要与工资实际发放货币数额相一致,以保证专职工作人员退休待遇;二是社会组织在法定福利之外,可以考虑设置组织福利,比如,设立社会组织企业年金制度,鼓励有条件的社会组织可以考虑弹性福利计划等。

促进社会组织从业人员薪酬待遇的政策化规范化。在相关薪酬体系建立后,要通过政策的形式加以规范和合法化,以确保能够严格落实。

3. 重视社会组织从业人员专业能力提升

专业能力是社会组织生存发展的根本。政府在引导社会组织发展中,要特别重视社会组织专业能力的提升。具体可以从以下几个方面入手。

加强社会组织专业能力培训的财政支持力度。应该允许社会组织在每年的财政预算中设置专项培训资金,同时在政府向社会组织购买服务合同中增加培训投入的条款,以减少社会组织在培训中资金的严重不足。

以行业为标准,构建完善的职业能力培训体系。政府应广泛征求全区社会组织意见,围绕社会组织公信力建设、职业技能提升、内部管理规范、社会责任意识等主题,设计出门类齐全的培训科目。

丰富培训的方式方法,提升培训的效果。灵活采用采取集中与分散相结合,理论学习与经验交流相结合,内部培训、外派培训和自我培训相结合,岗位培训与专业培训相结合等方式方法。

4. 提升社会组织社会认同度

与其他组织一样,社会组织同样要面临认同度的问题,就如同政府没有认同度就会失去民众支持,企业没有认同度就会失去市场,社会组织也一样,缺乏认同度就难以开展业务,甚至解体。社会认同度对于社会组织而言,是吸引志愿者、获取社会资助和财政支持的前提,因而促进社会组织的发展,必须注重提升社会组织社会认同度。

社会组织方面,需要社会组织以居民需求为导向,走进社区,贴近民众,通过与居委会、社区组织合作,提供高质量的服务,同时,在服务提供中联系居民,走近居民,提高组织的知名度和声誉。

政府方面,可以通过有组织的宣传,如评选"年度十佳社会组织""社会组织之星"等活动,树立社会组织模范典型。同时,鼓励当地媒体与社会组织合作,对社会组织服务项目进行公示,加大对社会组织各项活动的宣传报道力度,让公众更多地了解社会组织。

参考文献

[1] Anthony J. Spires. Contingent Symbiosis and Civil Society in an Authoritarian State: Understanding the Survival of China's Grassroots NGOs. *American Journal of Sociology*, vol. 17, 2011, p.1 – 45.

[2] Bekalu, Mesfin A, et al. Association of social participation, perception of neighborhood social cohesion, and social media use with happiness: Evidence of trade-off (JCOP – 20 – 277). *Journal of Community Psychology*, 2020, p.1 – 15.

[3] Cable, Sherry, Charles Cable. *Environmental Problems, Grassroots Solutions: The Politics of Grassroots Environmental Conflict*. NY: St. Martin's Press, 1994.

[4] Cargo Margaret, et al. Empowerment as Fostering Positive Youth Development and Citizenship. *American Journal of Health Behavior*, vol.27, 2003, p. S66 – S79.

[5] Derick W. Brinkerhoff , and Anna Wetterberg. Gauging the Effects of Social Accountability on Services, Governance, and Citizen Empowerment. *Public Administration Review*, vol.76, 2016, p. 274 – 286.

[6] Evans, Peter. State-Society Synergy: Government and Social Capital in Development. *International and Area Studies*, 1997.

［7］Freire, Paulo. Pedagogy of the Oppressed. *New Zealand Nursing Journal Kai Tiaki*, vol.68, 2008, p.14.

［8］Guobin Yang. Environmental NGOs and Institutional Dynamics in China. *The China Quarterly*,2005, p.46 – 66.

［9］Iglesias Alonso, Ángel H., and Roberto L. Barbeito Iglesias. Participatory Democracy in Local Government: An Online Platform in the City of Madrid. *Hrvatska i komparativna javna uprava : časopis za teoriju i praksu javne uprave*, vol.20, 2020, p.246 – 268.

［10］Islam, and M. Rezaul. NGOs, Social Capital and Community Empowerment in Bangladesh. *Springer Singapore*, 2016, p.51 – 56.

［11］Key, Kent D. , et al. The Continuum of Community Engagement in Research: A Roadmap for Understanding and Assessing Progress. *Progress in Community Health Partnerships Research Education and Action*, vol.13, 2019, p.427 – 434.

［12］Kieffer, C. H. Citizen Empowerment: a Developmental Perspective. *Prevention in Human Services*, vol.3, 1983, p.9.

［13］Korton D C. *Getting to the 21st Century : Voluntary Action and the Global Agenda*. Hartford:Kumarian Press,1990.

［14］Laer, Jeroen Van, and p. V. Aelst. Internet and Social Movement Action Repertoires. *Information Communication and Society Communication & Society*, vol.8,2010, p.1146 – 1171.

［15］Liem Tran, Timothy Barzyk, Mark Ridgley, et al. Prioritizing Community Environmental Concerns with a Hybrid Approach to Multi-Criteria Decision-making-a Case Study of Newport News, Virginia, USA. *Journal of Environmental Planning and Management*, vol 63, 2020, p.2501 – 2517.

［16］Mary L, Ohmer. Citizen Participation in Neighborhood Organizations and Its Relationship to Volunteers' Self- and Collective Efficacy and Sense of Community. *Social Work Research*, vol.31, 2007, p. 109 – 120.

[17] Melanie C. Green and Timothy C. Brock. Organizational Membership Versus Informal Interaction: Contributions to Skills and Perceptions that Build Social Capital. *Political Phsychology*, 2005, p.1 – 25.

[18] Mélanie Levasseur, Daniel Naud, Jean-François Bruneau and Mélissa Généreux. Environmental Characteristics Associated with Older Adults' Social Participation: The Contribution of Sociodemography and Transportation in Metropolitan, Urban, and Rural Areas. *International Journal of Environmental Research and Public Health*, Vol. 17, 2020, p.1 – 15.

[19] Melanie Wiber, et al. Enhancing Community Empowerment Through Participatory Fisheries Research. *Marine Policy*, vol.33, 2009, p. 172 – 179.

[20] Morrison, D. E., K. E. Hornback, and W. K. Warner. *The Environmental Movement: Some Preliminary Observations and Predictions*. In Eds, W. R. Burch, Jr., N. H. Cheek, Jr., and Taylor, Social Behavior, Natural Resources, and the Environment. 1972, p.259 – 279. New York: Harper and Row.

[21] Peter Ho and Richard Louis Edmonds. *China's Embeded Activism: Opportunities and Constraints of a Social Movement*. Routledge, 2008, p.1 – 2,14,44.

[22] Pigg, Kenneth E. Three Faces of Empowerment: Expanding the Theory of Empowerment in Community Development. *Journal of the Community Development Society*, vol.33, 2002, p.107 – 123.

[23] Riger S. Vehicles for Empowerment: The Case of Feminist Movement Organizations. *Prevention in Human Services*, vol.3, 1984, p. 99 – 117.

[24] Saich, Tony. Negotiating the State: the Development of Social Organizations in China. *The China Quarterly*, 2000 (March), p. 124 – 141.

[25] Samuel Paul. *Community Participation in Development Projects: The*

World Bank Experience. the World Bank, 1987.

[26] Scheyvens, Regina. Ecotourism and the Empowerment of Local Communities. *Tourism Management*, vol.20, 1999, p. 245 – 249.

[27] Scott, W. Richard. *Institutions and Organizations*. Thousand Oaks, California: Sage Publications, 1995.

[28] Seidl, David. *Organizational Identity and Self-Transformation*. Aldershot: Ashgate Publishing Limited, 2005, p. 67 – 74.

[29] Sen, A. K. *Development as Freedom*. New York: Anchor Book, 1999, p. 45.

[30] Sen, A. K. *Rationality as Freedom*. Cambridge. MA: Harvard University Press, 2000.

[31] Shawn Shieh, and Guosheng Deng. An Emerging Cvil Society: the Impact of the 2008 Sichuan Earthquake on Grass-roots Associations in China. *The China Journal*, No.65, January, 2011, p. 181 – 194.

[32] Skocpol, Theda, Marshall Ganz and Ziad Munson. A Nation of Organizers: The Institutional Origins of Civic Voluntarsim in the United States. *The American Political Science Review*, 2000, 94(3): 527 – 546.

[33] Smith, Jackie. Globalization and Transnational Social Movvement Organizations. In Eds, Davis, Bernald F., Doug McAdam, W. Richard Scott and Mayer N. Zald, *Social Movements and Organization Theory*. New York, NY: Cambridge University Press, 2005, p. 226 – 248.

[34] Somerville, and Peter. Community Governance and Democracy. *Policy & Politics*, vol.33, 2005, p.117 – 144.

[35] Suchman M C. Managing Legitimacy: Strategic and Institutional Approaches. *Academy of Management Review*, 1995, 20(3), p. 571 – 610.

[36] Thaiprasert Nalitra, Leurcharusmee Supanika, Jatukannyaprateep Peerapat, et al. Determinants of Labor Force Participation and Wages in

Thailand：What is the Role of the Informal Sector? *Journal of the East Asian Economic Association*，vol 34. 2020，p. 301 - 326.

[37] Unger and Chan，China，Corporatism，and the Ease Asian Model. *The Australian Journal of Chinese Affairs*，January，1995，p. 29 - 53.

[38] Vogus，Timotby and Gerald F. Davis. Elite Mobilzation for Antitakaover Legislation，1982—1990. In Eds，Davis，Bernald F.，Doug McAdam，W. Richard Scott and Mayer N. Zald. *Social Movements and Organization Theory*. NY：Cambridge University Press，2005，p. 96 - 121.

[39] Witting，Michele Andrish. An Introduction to Social Psychological Perspectives on Grassroots Organizing. *Journal of Social Issues*，1996，52(1):4.

[40] Zukin，Sharon，Di Maggio，Paul. *The Structures of Capital：The Social Organization of the Economy*. Cambridge University Press，1990.

[41] 蔡禾:《企业生产资源获取方式的研究》,《社会》2005 年第 6 期,第 76 - 88 页。

[42] 蔡宁、张玉婷、沈奇泰松:《政治关联如何影响社会组织有效性？——组织自主性的中介作用和制度支持的调节作用》,《浙江大学学报(人文社会科学版)》2018 年第 1 期,第 61 - 72 页。

[43] 藏雷振:《政治社会学中的混合研究方法》,《国外社会科学》2016 年第 4 期,第 138 - 145 页。

[44] 曹俊:《我国政府购买服务中的契约责任失效问题研究》,《江苏社会科学》2017 年第 5 期,第 124 - 130 页。

[45] 曾凡木:《耦合与脱耦的平衡:社会组织进社区的实践策略》,《中国行政管理》2017 年第 6 期,第 43 - 38 页。

[46] 查尔斯·蒂利、西德尼·塔罗:《抗争政治》,李译中译,南京:译林出版社,2010 年第 98、235 页。

[47] 陈刚:《范式转换与民主协商:争议性公共议题的媒介表达与社会参与》,

《新闻与传播研究》2011 年第 2 期,第 15 - 24 页。

[48] 陈丽君、朱蕾蕊:《差序政府信任影响因素及其内涵维度——基于构思导向和扎根理论编码的混合研究》,《公共行政评论》2018 年第 5 期,第 52 - 69 页。

[49] 陈向明:《质的研究方法与社会科学研究》,北京:教育科学出版社,2000 年,第 477 - 479 页。

[50] 陈小英:《社会交换理论视角下的非营利组织与名人互动策略研究》,《福建论坛(人文社科版)》2017 年第 7 期,第 170 - 173 页。

[51] 程坤鹏、徐家良:《从行政吸纳到策略性合作:新时代政府与社会组织关系的互动逻辑》,《治理研究》2018 年第 6 期,第 76 - 84 页。

[52] 邓正来、丁轶:《监护型控制逻辑下的有效治理——对近三十年国家社团管理政策演变的考察》,《学术界》2012 年第 3 期,第 5 - 26 页。

[53] 纪莺莺:《治理取向与制度环境:近期社会组织研究的国家中心转向》,《浙江学刊》第 2016 年第 3 期,第 196 - 203 页。

[54] 范明林:《非政府组织与政府的互动关系——基于法团主义和市民社会视角的比较个案研究》,《社会学研究》2010 年第 3 期,第 159 - 176 页。

[55] 方亚琴、夏建中:《社区治理中的社会资本培育》,《中国社会科学》2019 年第 7 期,第 64 - 84 页。

[56] 丰存斌:《民间组织在促进公民参与中的作用分析》,《理论探索》2008 年第 6 期,第 128 - 130 页。

[57] 冯玲、李志远:《中国城市社区治理结构变迁的过程分析——基于资源配置视角》,《人文杂志》2003 年第 1 期,第 133 - 138 页。

[58] 甫玉龙、黄凤兰:《行业协会的法律定位及社会功能》,《中国行政管理》2005 年第 5 期,第 27 - 29 页。

[59] 高奇琦、游腾飞:《国家治理的指数化评估及其新指标体系的构建》,《探索》2016 年 6 期,第 149 - 156 页。

[60] 郜宪达、万向东:《回到社会权力:新生社会组织的生存策略探讨》,《华东理工大学学报(社会科学版)》,2017 年第 4 期,第 52 - 63 页。

[61] 顾昕、王旭:《从国家主义到法团主义——中国市场转型过程中国家与专

业团体关系的演变》,《社会学研究》2005 年第 2 期,第 155 - 175 页。

[62] 管兵:《城市政府结构与社会组织发育》,《社会学研究》2013 年第 4 期,第 129 - 153 页。

[63] 管兵:《竞争性与反向嵌入性:政府购买服务与社会组织发展》,《公共管理学报》2015 年第 3 期,第 83 - 92 页。

[64] 何增科:《国家和社会的协同治理——以地方政府创新为视角》,《经济社会体制比较》2013 年第 5 期,第 109 - 116 页。

[65] 赫伯特·西蒙:《今日世界中的公共管理:组织与市场》,杨雪冬译,《经济社会体制比较》2001 年第 5 期,第 55 - 61 页。

[66] 胡炜、高英策:《非营利中介:社会资本视角下社会组织的一种公共事业参与模式》,《浙江社会科学》2020 年 12 期,第 78 - 87 页。

[67] 胡炜、高英策:《服务新发展格局的社会组织"非营利中介"战略》,《浙江大学学报(人文社会科学版)》2020 年第 5 期,第 62 页。

[68] 胡仙芝:《积极培育社会组织构建社会矛盾调节体系——以社会中介组织为视角》,《国家行政学院学报》第 2006 年第 6 期,第 42 - 45 页。

[69] 胡仙芝:《论社会中介组织在公共管理中的职能和作用》,《中国行政管理》2004 年第 10 期,第 84 - 89 页。

[70] 黄粹:《妇联组织官办性的成因分析:一种路径依赖》,《大连理工大学学报(社会科学版)》2011 年第 2 期,第 75 - 79 页。

[71] 黄晓春、嵇欣:《非协同治理与策略性应对——社会组织自主性研究的一个理论框架》,《社会学研究》2014 年第 6 期,第 98 - 123 页。

[72] 黄晓春、张东苏:《十字路口的中国社会组织政策选择与发展路径》,上海:上海人民出版社,2015 年,第 30 - 37 页。

[73] 黄晓春、周黎安,《政府治理机制转型与社会组织发展》,《中国社会科学》2017 年第 11 期,第 118 - 138 页。

[74] 黄晓春:《当代中国社会组织的制度环境与发展》,《中国社会科学》2015 年第 9 期,第 146 - 164 页。

[75] 黄晓春:《中国社会组织成长条件的再思考—— 一个总体性理论视角》,《社会学研究》2017 年第 1 期,第 101 - 124 页。

[76] 纪莺莺:《从"双向嵌入"到"双向赋权":以 N 市社区社会组织为例——兼论当代中国国家与社会关系的重构》,《浙江学刊》2017 年第 1 期,第 49 - 56 页。

[77] 姜耀辉:《新时代女性社会组织的发展机遇、功能优势和能力提升》,《湖南行政学院学报》2020 年第 1 期,第 62 - 68 页。

[78] 解丽霞、徐伟明:《群团组织参与社会治理的客观趋势、逻辑进路与机制建构》,《理论探索》2020 年第 3 期,第 69 - 75 页。

[79] 金太军、鹿斌:《社会治理创新:结构视角》,《中国行政管理》2019 年第 12 期,第 51 - 57 页。

[80] 敬乂嘉:《从购买服务到合作治理——政社合作的形态与发展》,《中国行政管理》2014 年第 7 期,第 54 - 59 页。

[81] 敬乂嘉:《控制与赋权:中国政府的社会组织发展策略》,《学海》2016 年第 1 期,第 22 - 33 页。

[82] 敬乂嘉:《社会服务中的公共非营利合作关系研究》,《公共行政评论》2011 年第 5 期,第 5 - 25 页。

[83] 康晓光、韩恒,《分类控制:当前中国大陆国家与社会关系研究》,《社会学研究》2005 年第 6 期,第 73 - 89 页。

[84] 雷杰、罗观翠、段鹏飞、蔡天:《广州市政府购买家庭综合服务分析研究》,北京:社会科学文献出版社,2015 年。

[85] 冷向明、张津:《半嵌入性合作:社会组织发展策略的一种新诠释——以 W 市 C 社会组织为例》,《华中师范大学学报(人文社会科学版)》2019 年第 3 期,第 20 - 28 页。

[86] 黎赵、张桂凤:《社会中介组织整合养老服务:功能、困境与优化路径——基于广西崇左市的调查》,《中共福建省委党校学报》2019 第 1 期,第 137 - 145页。

[87] 李道霞:《论多元治理结构下的社会中介组织:兼与香港社会中介组织的比较》,武汉:武汉科技大学,2006 年。

[88] 李莉、刘晓燕:《"协同治理"视角下的社会组织公共服务供给》,《城市观察》2012 年第 2 期,第 16 - 24 页。

[89] 李蓉蓉:《城市居民社区政治效能感与社区自治》,《中国行政管理》2013 年第 3 期,第 53－57 页。

[90] 李晓西、刘一萌、宋涛:《我国绿色发展指数的测算》,《中国社会科学》2014 年第 6 期,第 69－95 页。

[91] 李友梅、黄晓春、张虎祥等:《从弥散到秩序:"制度与生活"视野下的中国社会变迁(1921—2011)》,北京:中国大百科全书出版社,2011 年.

[92] 李友梅、梁波:《中国社会组织政策:历史变迁、制度逻辑及创新方向》,《社会政策研究》2017 年第 1 期,第 61－71 页。

[93] 李友梅、肖瑛、黄晓春:《当代中国社会建设的公共性困境及其超越》,《中国社会科学》2012 年第 4 期,第 125－139 页。

[94] 李友梅:《组织社会学与决策分析》,上海:上海大学出版社,2009 年,第 12 页。

[95] 李友梅:《城市基层社会的深层权力秩序》,《江苏社会科学》2003 年第 6 期,第 62－67 页。

[96] 李友梅:《基层社区的实际生活方式——对上海康健社区实地调查的初步认识》,《社会学研究》2002 年第 4 期,第 15－23 页。

[97] 李友梅:《社区治理:公民社会的微观基础》,《社会》2007 年第 2 期,第 159－169页。

[98] 李友梅:《我国特大城市基层社会治理创新分析》,《中共中央党校学报》2016 年第 2 期,第 5－12 页。

[99] 李友梅:《新时期加强社会组织建设研究》,北京:经济科学出版社,2017 年。

[100] 李友梅:《中国社会管理新格局下遭遇的问题——一种基于中观机制分析的视角》,《学术月刊》2012 年第 7 期,第 13－20 页。

[101] 李友梅等:《改革开放 30 年:中国社会生活的变迁》,北京:中国大百科全书出版社,2008 年版,第 38 页。

[102] 李姿姿:《社会团体内部权力与交换关系研究——以北京市海淀区个体劳动者协会为个案》,《社会学研究》2004 年第 2 期,第 56－67 页。

[103] 林磊:《在地内生性:社会组织自主性的微观生产机制——以福建省 Q 市

A 社工组织为例》,《中国行政管理》2018 年第 7 期,第 79 - 86 页。

[104] 林闽钢、战建华:《社会组织的自主性和发展路径——基于国家能力视角的考察》,《治理研究》2018 年第 1 期,第 58 - 64 页。

[105] 刘蕾、周翔宇:《非营利组织转型社会企业的策略选择:基于社会交换理论的比较案例研究》,《公共管理与政策评论》2018 年第 4 期,第 83 - 91 页。

[106] 刘为民:《转型期我国城市社区建设的政治学分析》,《求实》2004 年第 1 期,第 34 - 36 页。

[107] 卢玮静、赵小平:《两种价值观下社会组织的生命轨迹比较——基于 M 市草根组织的多案例分析》,《清华大学学报(哲学社会科学版)》2016 年第 5 期,第 181 - 192 页。

[108] 路风:《单位:一种特殊的社会组织形式》,《中国社会科学》1989 年第 1 期,第 71 - 88 页。

[109] 马克斯·韦伯:《经济与社会》,阎克文译,北京:商务印书馆,1997 年,第 370 - 375 页。

[110] 马兰霞:《"三性""三力"开创新形势下妇联工作新局面》,《中国妇运》2015 年第 9 期,第 6 - 7 页。

[111] 马庆钰、井峰岩:《论社会组织多维性规范管理体系的构建》,《国家行政学院学报》2014 年第 3 期,第 92 - 96 页。

[112] 马全中:《政府向社会组织购买服务的"内卷化"及其矫正——基于 B 市 G 区购买服务的经验分析》,《求实》2017 年第 4 期,第 44 - 57 页。

[113] 马焱:《妇联组织职能定位及其功能的演变轨迹——基于对全国妇联一届至十届章程的分析》,《妇女研究论丛》2009 年第 5 期,第 38 - 47 页。

[114] 马振清、王勇军:《国家治理现代化与正确处理政府、市场和社会的关系》,《河北学刊》2016 年第 2 期,第 194 - 198 页。

[115] 毛丹、陈佳俊:《制度、行动者与行动选择——L 市妇联改革观察》,《社会学研究》2017 年第 5 期,第 114 - 139 页。

[116] 毛佩瑾、徐正、邓国胜:《不同类型社区社会组织对社会资本形成的影响》,《城市问题》2017 年第 4 期,第 77 - 83 页。

[117] 倪永贵:《政府与社会组织合作治理模式创新趋向研究——以温州市为例》,《北京交通大学学报(社会科学版)》2019 年第 4 期,第 63 - 68 页。

[118] 帕特南:《使民主运转起来》,王列、赖海榕译,南昌:江西人民出版社,2001 年。

[119] 彭丽敏:《关于新形势下妇联组织加快转型发展的若干思考》,《邓小平研究》2015 年第 2 期,第 147 - 153 页。

[120] 彭善民、陈相云:《保护型经纪:社会组织服务中心参与基层社会治理的角色实践》,《福建论坛·人文社会科学版》2019 年第 6 期,第 186 - 192 页。

[121] 清华大学社会学系社会发展研究课题组:《走向社会重建之路》,《民主与科学》2010 年第 6 期,第 39 - 44 页。

[122] 《全国政府采购规模达 13977.7 亿元》,财政部网站:http://www.mof.gov.cn/zhengwuxinxi/caijingshidian/zgcjb/201307/t20130724_968574.html.

[123] 任艳妮:《多元化乡村治理主体的治理资源优化配置研究》,《西北农林科技大学学报(社会科学版)》2012 年第 2 期,第 106 - 111 页。

[124] 上海市委党校四分校第 22 期中青班社会组织建设课题组:《上海市女性社会组织发展特征、问题及对策研究》,《学会》2016 年第 3 期,第 5 - 11 页。

[125] 史普原、李晨行:《派生型组织:对中国国家与社会关系形态的组织分析》,《社会学研究》2018 年第 4 期,第 56 - 83 页。

[126] 宋华琳:《论政府规制中的合作治理》,《政治与法律》2016 年第 8 期,第 14 - 23 页。

[127] 《宋秀岩在云南开展妇联改革调研督导时强调　改革要让基层妇联组织强起来》,《中国妇运》2017 年第 8 期,第 18 页。

[128] 苏力等:《规制与发展:第三部门的法律环境》,杭州:浙江人民出版社,1999 年,第 319 - 320 页。

[129] 孙莉莉:《草根志愿组织资源汲取模式变迁的微观机制》,《宁夏社会科学》2012 年第 5 期,第 69 - 73 页。

[130] 孙莉莉:《探寻社会生活组织化之道——对中国改革道路的一种解读》,

《理论导刊》2008 年第 11 期,第 13 - 16 页。

[131] 孙涛:《当代中国社会合作治理体系建构问题研究》,济南:山东大学,2015 年,第 88 - 104 页。

[132] 唐文玉、马西恒:《去政治的自主性:民办社会组织的生存策略——以恩派(NPI)公益组织发展中心为例》,《浙江社会科学》2011 年第 10 期,第 58 - 65 页。

[133] 唐有财、胡兵:《社区治理中的公众参与:国家认同与社区认同的双重驱动》,《云南师范大学学报(哲学社会科学版)》2016 年第 2 期,第 63 - 69 页。

[134] 陶传进:《社会组织发展的四阶段与中国社会演变》,《文化纵横》2018 年第 1 期,第 20 - 28 页。

[135] 田毅鹏、吕方:《社会原子化:理论谱系及其问题表达》,《天津社会科学》2010 年第 5 期,第 68 - 73 页。

[136] 童志峰:《历程与特点:快速转型期下的中国环保运动》,《理论月刊》2009 年第 3 期,第 144 页。

[137] 涂开均、袁阳:《强政府强社会及其运行关系解构》,《重庆社会科学》2014 年第 3 期,第 33 - 38 页。

[138] 王华:《治理中的伙伴关系:政府与非政府组织间的合作》,《云南社会科学》2003 年第 3 期,第 25 - 28 页。

[139] 王名、刘国翰:《中国社团改革:从政府选择到社会选择》,北京:社会科学文献出版社,2001 年,第 158 - 160 页。

[140] 王名、孙伟林:《社会组织管理体制:内在逻辑与发展趋势》,《中国行政管理》2011 年第 7 期,第 16 - 19 页。

[141] 王通:《起点信任与过程信任:政府与社会组织合作治理的双阶逻辑》,《理论导刊》2018 年第 11 期,第 20 - 26 页。

[142] 王文彬、徐顽强:《结构变迁与主体强化:大数据时代的城市社会治理》,《电子商务》2020 年第 4 期,第 114 - 120 页。

[143] 王向民:《中国社会组织的项目制治理》,《经济社会体制比较》2014 年第 5 期,第 130 - 140 页。

［144］王义：《大力推进政府购买社会组织服务的制度化保障机制建设》，《青岛日报》2009 年 7 月 18 日。

［145］王永兴、景维民：《转型经济体国家治理质量监测指数研究》，《经济社会体制比较》2014 年第 1 期，第 115－126 页。

［146］韦诸霞、汪大海：《我国城镇化进程中社会治理的公共性困境与重建》，《中州学刊》2015 年第 4 期，第 73－77 页。

［147］吴晓林：《中国城市社区建设研究述评（2000—2010 年）——以 CSSCI 检索论文为主要研究对象》，《公共管理学报》2012 年第 1 期，第 111－120 页。

［148］吴亚慧：《妇联组织参与社会治理问题研究述评》，《探求》2018 年第 4 期，第 72－77 页。

［149］吴宗宪：《社会力量参与社区矫正的若干理论问题探讨》，《法学评论》2008 年第 3 期，第 133－139 页。

［150］西摩·马丁·李普塞特：《政治人：政治的社会基础》，张绍宗译，上海：上海人民出版社，1997 年，第 55－60 页。

［151］徐家良、许源：《合法性理论下政府购买社会组织服务的绩效评估研究》，《经济社会体制比较》2015 年第 6 期，第 187－195 页。

［152］徐家良：《政府购买社会组织公共服务制度化建设若干问题研究》，《国家行政学院学报》2016 年第 1 期，第 68－72 页。

［153］徐双敏、张景平：《枢纽型社会组织参与政府购买服务的逻辑与路径——以共青团组织为例》，《中国行政管理》2014 年第 9 期，第 41－44 页。

［154］徐盈艳、黄晓星：《促成与约制：制度嵌入性视角下的社会组织发展——基于广东五市政府购买社会工作服务的实践》，《新视野》2015 年第 1 期，第 74－78 页。

［155］徐盈艳、黎熙元：《浮动控制与分层嵌入——分层外包下的政社关系调整机制分析》，《社会学研究》2018 年第 2 期，第 115－139 页。

［156］徐勇：《论城市社区建设中的社区居民自治》，《华中师范大学学报（人文社会科学版）》2001 年第 3 期，第 5－13 页。

［157］徐宇珊：《对称性依赖：中国基金会与政府关系研究》，《公共管理学报》

2008 年第 1 期,第 33 - 40 页。

[158] 许玉镇、刘滨:《权责结构与领导批示:官员问责的政治逻辑分析——基于 2005 年依赖我国安全生产事故官员问责的混合研究》,《吉林大学社会科学学报》2020 年第 2 期,第 145 - 158 页。

[159] 杨贵华:《转换居民的社区参与方式,提升居民的自组织参与能力——城市社区自组织能力建设路径研究》,《复旦学报(社会科学版)》2009 年第 1 期,第 127 - 133 页。

[160] 杨立华、李凯林:《公共管理混合研究方法的基本路径》,《甘肃行政学院学报》2019 年第 6 期,第 36 - 46 页。

[161] 杨团:《中国的社区化社会保障与非营利组织》,《管理世界》2000 年第 1 期,第 111 - 120 页。

[162] 杨义凤、马良灿:《合力赋权:社会组织动员参与有效性的一个解释框架——以 NZ 康复服务项目为例》,《福建论坛·人文社会科学版》2017 年第 3 期,第 80 - 86 页。

[163] 姚华:《NGO 与政府合作中的自主性何以可能?——以上海 YMCA 为个案》,《社会学研究》2013 年第 1 期,第 21 - 42 页。

[164] 姚华:《政策执行与权力关系重构——以 S 市 2003 年市级居委会直选政策的制定过程为个案》,《社会》2007 年第 6 期,第 127 - 153 页。

[165] 姚迈新:《社会组织"去行政化":缘由与展望》,《长春市委党校学报》2017 年第 2 期,第 16 - 20 页。

[166] 叶士华、孙涛:《政府购买服务背景下社会组织自主性的影响机制研究——从组织资本视角分析》,《上海行政学院学报》2020 年第 5 期,第 89 - 99 页。

[167] 叶托:《资源依赖、关系合同与组织能力——政府购买公共服务中的社会组织发展研究》,《行政论坛》2019 年第 6 期,第 61 - 69 页。

[168] 尹广文:《项目制运作:社会组织参与城市基层社区治理的路径选择》,《云南行政学院学报》2017 年第 3 期,第 127 - 133 页。

[169] 尹浩:《"无权"到"赋权":城市基层社会治理的新机制》,《南昌大学学报(人文社会科学版)》,2016 年第 5 期,第 22 - 28 页。

［170］尹浩：《城市社区微治理的多维赋权机制研究》，《社会主义研究》2016 年第 5 期，第 100－106 页。

［171］俞可平：《中国公民社会：概念、分类与制度环境》，《中国社会科学》2006 年第 1 期，第 109－122 页。

［172］俞可平：《论国家治理现代化》北京：社会科学文献出版社，2015 年，第 269－281 页。

［173］郁建兴、任泽涛：《当代中国社会建设中的协同治理——一个分析框架》，《学术月刊》2012 年第 8 期，第 23－31 页。

［174］张欢、胡静：《社会治理绩效评估的公众主观指标体系探讨》，《四川大学学报(哲学社会科学版)》2014 年第 2 期，第 120－126 页。

［175］张紧跟、庄文嘉：《非正式政治：一个草根 NGO 的行动策略》，《社会学研究》2008 年第 2 期，第 133－150 页。

［176］张静：《培育城市公共空间的社会基础——以一起上海社区纠纷案为例》，《上海政法学院学报》2006 年第 2 期，第 7－16 页。

［177］张静：《中国基层社会治理为何失效？》，《文化纵横》2016 年第 5 期，第 30－34 页。

［178］张康之：《合作治理是社会治理变革的归宿》，《社会科学研究》2012 年第 3 期，第 35－42 页。

［179］张文礼：《合作共强：公共服务领域政府与社会组织关系的中国经验》，《中国行政管理》2013 年第 6 期，第 7－11 页。

［180］张丙宣：《支持型社会组织：社会协同与地方治理》，《浙江社会科学》2012 年第 10 期，第 45－50 页。

［181］赵秀梅：《对北京绿色申奥中政府与民间组织关系的考察》，《郑州大学学报(哲学社会科学版)》2003 年第 3 期，第 60－64 页。

［182］赵秀梅：《基层治理中的国家—社会关系——对一个参与社区公共服务的 NGO 的考察》，《开放时代》2008 年第 4 期，第 87－103 页。

［183］郑卫东：《城市社区建设中的政府购买公共服务研究——以上海市为例》，《云南财经大学学报》2011 年第 1 期，第 153－160 页。

［184］中共中央办公厅印发《全国妇联改革方案》，《中国妇运》2016 第 10 期，第

12 - 14 页。

[185] 中国行政管理学会课题组:《我国社会中介组织发展研究报告》,《中国行政管理》2005 年第 5 期,第 6 - 13 页。

[186]《中国政府采购十年来范围规模不断扩大》,新华网: http://news. xinhuanet.com/fortune/2012-06/29/c_112322905.htm.

[187] 周俊:《公共服务购买中政府与社会组织合作的可持续性审视》,《理论探索》2019 年第 6 期,第 5 - 12 页。

[188] 周俊:《政府与社会组织关系多元化的制度成因分析》,《政治学研究》2014 年第 5 期,第 83 - 94 页。

[189] 周文、赵方:《改革的逻辑:从市场体制到市场社会》,《教学与研究》2013 年第 5 期,第 5 - 13 页。

[190] 周雪光:《威权体制与有效治理:当代中国国家治理的制度逻辑》,《开放时代》2011 年第 10 期,第 67 - 85 页。

[191] 周雪光:《运动型治理机制:中国国家治理的制度逻辑再思考》,《开放时代》2012 年第 9 期,第 105 - 125 页。

[192] 朱健刚、陈安娜:《嵌入中的专业社会工作与街区权力关系——对一个政府购买服务项目的个案分析》,《社会学研究》2013 年第 1 期,第 43 - 64 页。

[193] 朱健刚:《城市街区的权力变迁:强国家与强社会模式——对一个街区权力结构的分析》,《战略与管理》1997 年第 4 期,第 42 - 53 页。

索　引